도서
출판 **밀알서원** (Wheat Berry Books)은 CLC가 공동으로 운영하는 복음주의 출판사로서 신앙생활과 기독교문화를 위한 설교, 시, 수필, 간증, 선교·경건서적 등을 출판하고 있습니다.

추천사 1

중국 현지인 지도자

　내가 박 목사 부부와 그들의 동역자를 만난 후에 공장들과 800명 직원의 호텔 등에서 사역하면서, 매번 4-500명이 주를 믿는 대부흥을 보았다. 원래 주가 임재 하시는 사역은 그렇게 간단하며 나는 주의 마음을 깨닫게 되었다. 한 번 나는 공장의 사장에게 우리가 가서 공원을 진찰하고 복음을 전하려 한다 했더니 예상치 않게 기꺼이 허락하면서 그 일에 모든 것을 맡긴다고 하였다. 사장은 불교도이며 불당이 있는 곳이었으나 성령의 인도로 대부흥이 일어났다.

　2007년부터 하나님이 나를 복음사역으로 부르고 박 목사 부부와 7년간의 동행과 목양으로 내 자신의 신앙이 빠르게 성장한 것을 특별히 잊을 수 없으며 감사한다. 주의 훈련 중 받은 열방에 대한 열정으로 지난 10년간 결신자 21,868명, 제자훈련 15,777명을 인도하심을 주께 감사하며, 계속하여 그의 기름 부음과 충만한 사랑으로 나의 달려갈 앞 길과 사명을 보호하시기를 …

추천사 2

이 주 진

General Sales Manager Asia-Pacific at Auve Tech

이 책을 읽기 전에, 먼저 전능하신 여호와 하나님께 강력한 성령의 임재하심과 영의 눈이 뜨이기를 간절히 기도하며 읽기를 추천한다. 이 책은 수많은 크리스천이 놓치고 있을지도 모르는 지극히 큰 언약적 설계도가 비밀로 숨겨져 있기 때문이다. 저자와 같이 이 책을 이해하는 크리스천은 놀라운 하나님의 언약 성취와 한민족으로서의 추후 사명을 깨달을 수 있을 것이다.

『환단고기』(桓檀古記)와 일본의 『고사기』(古事記), 『일본서기』(日本書紀)등의 고대 기록서와 창세기 10장의 내용을 대조적으로 간파하며 이해한 크리스천 중에는 '한국인의 조상은 성경 상 욕단'이라는 것이 믿어질 것이며 나 또한 그렇게 한국인은 알이랑 ('하나님과 함께'라는 뜻) 정신을 가진 민족이라고 믿고 있다.

노아의 아들 셈으로부터 4대손에 벨렉과 욕단이 태어나 9대손에 아브라함이 하나님의 부름을 받으므로 언약의 백성이라 칭하는 히브리 민족이 탄생했다.

그렇다면 동생인 욕단은 어디로? …

창세기 10:30을 통해 우리는 그들이 수많은 산맥, 특히 파미르고원과 알타이산맥을 넘어 고대 중국, 조선까지 들어갔음을 조심스럽게나마 예측해 볼 수 있다. 그 후에도 이스라엘 민족은 B.C. 722년 북 이스라엘 왕국과 B.C. 586년 남유다 왕국의 멸망 그리고 예수님의 시대에 로마에 의해 이스라엘이 멸망한 후 2,000년간 디아스포라의 수난을 겪으며 수많은 유대 백성이 서아시아와 동아시아에 흩어져 정착하게 되었다는 것은 사실이다.

나 자신도 저자와 같이 이러한 성경적 인류사 연구를 꾸준하게 해오며 놀라운 발견을 한 적이 한두 번이 아니다. 특히, 나의 경우는, 일본에서 태어난 재일 교포 크리스천으로서, 일본에서 현재까지 이어지고 있는 신사(神社), 신도(神道)문화 그리고 수많은 일본 역사 고대 풍습과 사상과 절기, 언어 등이 도저히 그저 우연이라고는 할 수 없음을 발견하게 된다.

왜냐하면, 당시 네스토리우스파 기독교(경교[景敎], 5세기 초 에베소 공회의에서 이단으로 낙인을 찍힌 기독교파) 유대인들(특히, A.D. 5세기에 중국, 조선을 거쳐서 일본에 집단으로 거주해 온 진씨[秦氏] 일족과 조선인과 같이 피가 섞인 도래인[渡来人])이 가져온 메시아닉 쥬(Messianic Jews, 기독교로 회심한 유대인)의 문화와 풍습이 일본 문화의 배경과 바탕이 되고 있기 때문이다.

그들은 천재적인 지혜와 재능으로, 조선과 일본의 국가 기반과 산업을 형성하여 찬란한 문화 발전에 공헌하며 막대한 시대 유산을 남기게 되었다(중국을 처음으로 통일한 진[秦]나라의 시황제도 서방에서부터 온 유대 민족의 후손이 아닐까?)

회막과 구조가 완전히 똑같은 많은 일본 신사에는 다윗의 별(특히, 유명한 伊勢神宮에 큰 다윗의 별)이 새겨져 있고 신사의 제사장의 의상과 옷은, 이스라엘 레위족속 제사장들의 모습과 같다.

테레핀을 이마에 대고, 神輿 속에는 삼종의 신기(三種の神器)인 八咫鏡(=말하자면, 십계명 돌판), 八尺瓊曲玉(=말하자면, 만나가 들어 있는 항아리), 草薙劍(=말하자면, 아론의 지팡이)를 보관하고 있다.

하나님은 벨렉 (아브라함 ~ 이스라엘로 ~ 다윗 ~ 예수님) 계열을 사용하셔서 인류의 구원사를 여시므로 우리에게 구원을 주셨으며, 마지막 종말의 시대가 가까울수록 우리 욕단(한민족) 계열을 사용하여 복음의 최종 주자로 세계 선교와 구원 사역에 귀히 쓰임 받기를 기대하고 있다.

구원사를 완성하는 도구로서 우리 한민족이 쓰임받는 것만큼 큰 영광이 어디에 있겠는가!?

이 책을 읽는 모든 독자에게 보혈의 능력 되신 카발라 메시아의 영이 넘쳐나기를 간절히 기도한다.

아브라함이 쓴 우르국의 천지인 복음
(『환단고기』(桓檀古記)-카발라-창조의 책)

The Heavenly message of Ur written by Abraham
Written by JeBom Park
All rights reserved.
Korean Edition Copyright ⓒ 2023 by Christian Literature Center, Seoul, Korea.

아브라함이 쓴 우르국의 천지인 복음
(『환단고기』(桓檀古記)-카발라-창조의 책)

2023년 12월 22일 초판 발행

지 은 이 | 박재범

편 집 | 도전욱, 이신영
디 자 인 | 이승희, 박성준, 서민정
펴 낸 곳 | (사)기독교문서선교회
등 록 | 제16-25호(1980. 1. 18.)
주 소 | 서울특별시 동대문구 천호대로71길 39
전 화 | 02-586-8761~3(본사) 031-942-8761(영업부)
팩 스 | 02-523-0131(본사) 031-942-8763(영업부)
이 메 일 | clckor@gmail.com
홈페이지 | www.clcbook.com
송금계좌 | 기업은행 073-000308-04-020 (사)기독교문서선교회
일련번호 | 2023-122

ISBN 978-89-7135-152-9 (03230)

이 책의 출판권은 (사)기독교문서선교회가 소유합니다.
신저작권법에 의하여 한국 내에서 보호를 받는 저작물이므로 무단 전재와 무단 복제를 금합니다.

아브라함이 쓴 우르국의 천지인 복음

天地人

박재범 지음

도서출판 밀알서원

목차

추천사 1 중국 현지인 지도자 1
추천사 2 이주진 2

저자 서문 11

제1장 『환단고기』- 카발라 - 아담과 아브라함 14
    1. 아담과 욕단 15
    2. 노아의 족보 16
    3. 상고사의 삼신(三神) 사상과 고인돌 17

제2장 왜곡의 역사관, 편향된 지식과 믿음 19
    1. 치우천왕과 한민족의 대제국 제패 20
    2. 창조의 원리를 담은 『환단고기』 20
    3. 카발라 『창조의 책』 21

제3장 『환단고기』(桓檀古記) - 카발라의 방법론 25
    1. 하나님의 설계도 26
    2. 『환단고기』와 카발라의 방법론 27
    3. 유대인의 후손인 트럼프와 일론 머스크 27
    4. 왜곡된 역사를 바로 잡는 혁명 29

제4장 카발라, 『환단고기』의 영성과 한국의 상고 역사 32
    1. 『환단고기』(桓檀古記) 32
    2. 『환단고기』로 정립하는 한민족의 상고사 33
    3. 카발라 『조하르』, 『환단고기』와 카발라의 동일성 35

제5장 기독교의 근원 사상인 『환단고기』와 카발라　　39
　　1. 하나님의 말씀인 구전의 복음,　　40
　　2. 북경의 제사　　43
　　3. 아브라함의 『창조의 책』 21쪽, 21라인x22 알파벳=231 문 Gate　　45
　　4. 천지인의 언어학과 문화의 뿌리에 자리 잡는 문화의 원형　　47

제6장 아브라함이 쓴 카발라(10 영)-『환단고기』(10 鉅)-복음　　52
　　1. 창조의 원리　　52
　　2. 일적십거무궤삼화(一積十鉅無匱三化)　　53
　　3. 천, 지, 인의 삼태극　　56
　　4. 히브리 22 알파벳(무한 Ein Sof)과 숫자의 우주 만물　　58
　　5. 아브라함이 쓴 별자리 인간, 『조하르』(빛)의 천, 지, 인　　60

제7장 천지인으로 평가하는 마틴 루터와 유명 목사들　　63
　　1. 성 밖에서 온 서신　　64
　　2. 그리스도 철장으로 깨뜨림(시 2:9)의 종말　　69
　　3. 중생의 씻음과 성령의 새롭게 됨　　71

제8장 천국 가는 길 구원의 6단계　　73
　　1. 생명나무　　74
　　2. 모세의 노래　　75
　　3. 복음의 노래　　77
　　4. 예수의 신앙　　80
　　5. 성령의 신앙　　82

제9장 바울의 믿음과 빛의 구원의 설계도   84
    1. 고린도전서 9:27의 바울의 신앙   86
    2. 하나님의 12가지 음성   88
    3. 빛의 구원의 설계도   90
    4. 현대 철학이 추구하는 카발라 바울의 메시아적 천지인 복음   93

제10장 신비한 믿음(Mistery of faith)의 한국 상고 사상   96
    1. 크게 번성하라   97
    2. 카발라의 세 기둥과 『환단고기』 음양의 원리   99
    3. 『천부경』(나무위키, 2023년 3월 6일)   101
    4. 천부사상에 비교한 신구약 성경은 히브리어의 죄를 불공정   103
       (Avon=희랍어 iniquity)
    5. 환국의 천지인 복음과 천제단   106

제11장 천,지,인의 큰 복음과 고조선의 역사 고증   110
    1. 태초에 하나님이 천지(인)를 창조하시니라   111
    2. 지아구독(知我求独), 부활의 터치, 돌파적 결합의 구원   114
    3. 불교, 유교, 도교와 큰 복음, 창조의 책과 『환단고기』   117
    4. 큰 복음, 창조의 책과 『환단고기』의 실체와 고증   125

맺는 말   129

참고 문헌   135

저자 서문

한국 민족과 유대인은 하늘에 속한 천손 민족이라 한다. 곧 유대인과 한국인은 각각 하나님의 말씀의 경전을 소유한 유일한 민족이기 때문이다. 유대인은 하나님이 직접 부르고 문자와 구전의 말씀을 주셨으며 이는 토라와 그 해설서인 카발라의 전통으로 내려온다. 한국도 『환단고기』라는 하나님의 말씀이 민족의 뿌리를 내리고 있다.

카발라는 "『천사의 책』, 『창조의 책』, 『조하르』(토라 해설서)" 등으로 구분한다. 특히, 우르에서 가나안으로 떠난 아브라함의 집안과 같은 고향인, 환웅-단군(B.C. 3897 - B.C. 2333)의 12연방의 우르(국)의 철학과 규범을 담은 『창조의 책』은 『환단고기』의 원형이라 할 정도로, 『환단고기』와 매우 유사한 사상과 철학을 담고 있다.

또한, 카발라에서 나타나는 아담으로부터 족보, 즉 에스라의 역대상-하는 『환단고기』의 단군 세기와 상통할뿐더러 만물의 창조와 운행의 원리도 신비한 영적 원소를 공유한다.

그러므로 우리는 음양오행과 태극, 삼신론과 무한이란 역사의 개념에서 창조의 책=『환단고기』로 하나의 공식을 제시하게 되는 것이다. 빛은 영으로 인간에 소통하며 12궁의 별자리는 12장기에 직결한다.

이렇게 살아계신 하나님을 섬기며 말씀 가운데 토라의 교훈을 따르는 한국과 이스라엘은, 역사의 뿌리로서 말씀과 영의 뿌리를 기초로 하여, 유교, 불교, 도교, 기독교 등의 근원이 되며 태두가 된다.

오늘날 우리에게 필수적인 과제는 태초부터 종말까지 이르는 하나님의 계획과 뜻을 담은 그 설계도에 주목하는 일이다. 다시 말하자면 인간의 한시적 인본주의와 이성을 뛰어넘는 초과학과 초월적 영의 세계로서 "지켜 행하라"는 영적인 "로고스" 창조주의 말씀이다.

첫째, 자신의 영달과 이익을 추구하는 대부분 사람의 인생은 가증한 심판의 대상이다.

둘째, 천, 지, 인의 하나님과 그 본질을 따르는 자들에 성령의 중생을 공급하는 창조주를 만난다.

우리가 무한이라는 메시지를 모르면 헛소리를 하게 된다. A(E)in-Sof는 히브리어 알파벳의 A에 해당하고 그 뜻은 무한, 영원이라는 개념이다. 이러한 창조의 원리는 아브라함에게(창조의 책) 창조주 하나님이 직접 말씀하시고 후대에 전하고 있다. 무한이라는, 시작도 끝도 없는 어느 한 시점에서 창조주가 아담과 만물을 창조하시고 7천년 역사(영적, 물리적)에 개입하신다는 말이다.

『환단고기』와 카발라는 천지인과 사람의 다섯 가지 본성을 소우주로 하면서 10개의 영으로 하나님과 소통한다(10영(49쪽), 빛의 도표(92쪽)). 사울이 빛을 본 후에 바울이 된 것은 이 다섯 가지, 하늘의 연합(예치다, 고전 15), 계시를 받고(하야, 시 19:3-4), 신을 깨달음(네사마),

영혼(루아흐), 생명과 감각(네페시) 곧 눈꺼풀이 벗겨짐의 과정과도 같다. 그러므로 "하늘이 열림"으로 합하는 『환단고기』와 카발라를 오해하면 십자가 대속의 신앙은 길을 잃고, 구원의 원리와 영적인 삶의 실체를 형성하지 못하게 된다.

천지인과 삶의 원리인 창조주의 말씀은 과거와 오늘에도 성령으로 또 환상과 꿈으로 역사하시며 구원의 메시아로 우리와 동행하시는 것이다. 이렇게 사람이 주의 "성령의 말씀을 들을지어다"(계 2장) 하신 것처럼 성령을 간구하는 자들에게 빛의 영이 비추며 10세피로트로 하나님의 형상에 연합하게 된다.

제1장

『환단고기』-카발라-아담과 아브라함

　인간의 구원과 삶의 원리는 눈에 보이지 않는 하늘의 뜻을 따르는 관점이 필수적이다. 우리가 걸어가는 인생의 대해는 그 시간과 공간을 초월하는 빛과 영, 주의 음성 곧 구전하는 직접적인 계시와 말씀이 주류이기 때문이다.

　에스라가 구약의 역대상. 하를 기록할 때에 아담과 아브라함, 다윗의 족보를 기록한 것은 새로운 역사적 관점을 제기하는 것이다. 모세의 출애굽은 B.C. 1445년, 아브라함은 B.C. 2165년에 태어나 B.C. 2090 년 곧 75세에 가나안으로 들어간 것이다.

　그렇다면 B.C. 4천년으로 추정하는 아담의 족보는 어떻게 전수되는 역사 사료인가?

　이스라엘이 멸망하고 B.C. 445년에 바벨론에서 돌아온 에스라가 사용한 아담의 족보는 어떠한 것일까?

　이때의 모든 자료는 귀로 전수되는 구전의 말씀이며 또한 선지자와 제사장이 직접 하나님과의 대화를 통하여 계시 받는 경우도 허다하다는 점이다. 이러한 계시는 태초를 포함하여 종말의 미래 예언도 포괄하며, 이는 아브라함, 모세, 다윗, 선지자 등 21세기의 현재에도 적용하는 것이다.

1. 아담과 욕단

아담, 셋, 에노스, 게난, 마할랄렐, 야렛, 에녹, 므두셀라, 라멕, 노아, 셈 함과 야벳 등 특히 역대상 1:20의 셈의 후손인 욕단은 우리의 조상으로서 중국에서도 인용을 하고 있다. 배를 나타내는 船자는 노아의 여덟 가족을 이야기로 전해 주며, 의로움을 나타내는 義자는 양의 제사를 통한 나(인간)의 모습으로 표현되었다. 감옥에서 20년을 지냈고 광주에서 3,000명의 가정 교회를 사역하였던, 동역자 사무엘 램(Samuel Lamb)목사는 그의 저서에서 중국 글자가 인류 최초의 언어라고 주장한다.

욕단(Joktan, 창 10:25)이 전수하여 중국어가 되었고, 그래서 그 당시의 사건들이 글자에 담겨 있다는 것이다(Three big nations in the Bible/China, America, Russia, Samuel Lamb, 2002). 이 중국어란 글자는, 히브리 22 알파벳=태극의 창조의 에너지로서, 한민족 고조선의 우리 조상이 쓰던 쐐기 문자일 가능성이 높다. 토레이(R. A. Torrey) 목사도 욕단의 후손이 한국이라는 이론을 주장한다.

역사의 시간이 지난 후에 아담과 아브라함의 방대한 족보가 계승이 되듯, 그러한 구전의 족보가 확실히 존재하는 시간을 거슬러 올라가며, 이러한 카발라의 족보와 같은 보조를 맞추게 되는 것이다.

『환단고기』역시 창조주의 말씀을 구전으로 전수하면서 선사 시대를 이어가는 초기 언어 형태로 발전하여 다시 한자 등의 언어로 발전 전개되는 유형을 따르고 있다. 그러므로 우리는 동일한 하나님의 말씀을 구전하는 카발라 유대주의를 관찰하면서, 동일한 모식으로

『환단고기』의 내용을 확인 투사하는 귀중한 기회를 하나의 방법론으로 제시하는 것이다. 동방의 『환단고기』와 서방의 카발라는 상호 보완하며 각 시대를 반영하는 종교적 철학적 주제들을 확립하기 때문이다.

아담과 그 후대로부터 창조주와 대화하는 구전의 말씀은 천사의 책, 아브라함의 창조의 책, 『조하르』 토라 해설서 등으로 성경의 수십 배에 달하는 구전의 말씀을 보유하며, 『환단고기』에 대칭하는 역사 연대표의 구실을 할 수 있기 때문이다. 이는 유대인들이 구전의 말씀을 전수하는 2-3인의 소페림이라는 학교(모임)가 전통을 유지하며 하나님과 기도로 교통하는 특별한 통로로서 수백 년을 유지한 점이다.

태초를 설명하고 무한을 정의하는 철학은 문자 시대 이전이므로, 구전으로 전수하는 것이다. 선사 시대의 역사는 그 당대에 기록하는 것이 아니라, 후대에도 이미 지나간 사건을 기록하는 이치다.

2. 노아의 족보

예를 들면, 모세가 하나님과 대면하여 받은 수많은 구전이 있으나 기록된 것은 극히 일부이기 때문이다. 더 올라가 노아의 10대손인 아브라함의 『창조의 책』은 B.C. 2090-1991년 경이라 할지라도 태초와 창조의 원리를 하나님에게 직접 들어 전하는 것이다. 이는 구전의 말씀이 선지자들과 제사장들을 통하여 40대를 전수하여 유대주의를 형성하지만, 그 후로도 힐렐-가말리엘-바울-랍비 아슈(Ash) 등을 통하여 현재와 종말까지 이른다는 사실이다.

3. 상고사의 삼신(三神) 사상과 고인돌

하늘이 구전하는 창조는, 무한이라는 영원의 개념을 전제하며, 그 바탕에서 하나님의 창조 시작과 종말의 원리를 말씀해 준다. 이러한 창조의 근본적 사상이 『삼일신고』 혹은 삼위일체 하나님, 또한 케테르의 무한, 호크마의 지혜와 비나의 명철의 삼신(三神)으로 나타난다.

또 한편으로 구전의 상고사를 고찰하면서, 우리가 고인돌의 세계적 분포로 말하자면 영국, 아일랜드와 유럽은 물론이려니와 이스라엘에도 2만 개(현재는 소실), 코커서스에 3천 개, 특히 한반도(만주 포함)에 전 세계의 70퍼센트 가량, 7만이 편재한다는 사실이다.

이러한 고인돌을 통하여 나타나는 제사와 문화, 삼성과 북두칠성에서 하나님의 뜻을 찾는 그 구전의 말씀을 추론해 볼 때, 그만큼 제사장 나라의 본류로서, 중-서방의 이스라엘의 카발라 사상과 극동의 『환단고기』가 하나님 말씀의 특별한 연대 관계를 형성하며, 신석기 시대 후와, B.C. 3-4천, 청동기 시대의 시대정신을 거슬러 올라간다고 볼 수 있다. 조상과 부모를 부정, 반역하는 자는 영원한 심판이 임한다는 동서의 가르침이다.

사람은 악하고 또 어리석기 짝이 없다. 상고 시대의 역사를 망각하여 민족의 철학과 정신을 상실할 뿐 아니라, 자신의 뿌리와 본질을 모르고 세상에 속아 결국은 지옥으로 가기 때문이다. 그래서 우리는 세상과 인간을 창조하신 진리와 조물주의 뜻을 알아야 제대로 살 수 있다. 천지만물과 우주의 역사는 영원하고 끝이 없기 때문에 무한(케테르)이라고 한다. 그래서 수 천년 수 백만 년, 수 백억 년이라 하지만 그 끝은 거슬러 올라가도 끝이 없다.

간략하면 카발라가 제시하는 6천년 역사란 의미는, 아담과 하와의 타락한 인류가 새로 시작된, 대홍수 후의 노아의 후손으로부터 시작한다고도 볼 수 있다. <내셔널지오그래픽>(National Geographic)의 2010년 4월 30일 기사다.

"4,000미터 높이의 아라랏산(Ararat)탐사로서 최근의 보고는 홍콩 복음주의자들과 터키의 공동 탐사는 터키의 아라랏산의 노아의 방주의 옛 형체를 분석하여(방사성 탄소 연대 측정 목재, radiocarbon-dated wood) B.C. 4,800년경이라 발표하였으니," 4천 년(오차)+ 2천년=6천년 역사에 근접하는 것이다(홍콩의 영어 신문 <South Morning Post>, 4월 29일, 2010).

또 기사는 테네시주 브리안(Bryan)대학교의 생물학자인 타드(Todd Wood)가 "지구의 생명체 형성을 기원 전 6천년 경으로 본다 하였다." 아담 전후의 무궁한 우주의 역사는 하나님이 선택한 인류에 개입한 6천년과는 별개의 역사임을 알아야 한다.

제2장

왜곡의 역사관, 편향된 지식과 믿음

한국 사람이 한국의 역사를 잘못 알고 문화와 본질과 인간의 정체성을 오해하면, 그 인생은 나서부터 정도가 아니라 삐뚤어져 가라앉는 삶을 살아갈 수 밖에 없는 것이다. 다시 말하면 진리를 터득하지 못하는 인생은 복음을 제대로 이해할 수 없으며 "흑암의 견고한 진"에 갇히게 되는 것이다.

첫째, 대한민국의 상고사 곧 최초의 역사를 바로 알지 못하는 이유다.
반만년의 유구한 역사를 자랑하는 한민족의 찬란한 문화를 뒤돌아보면, 우리는 수많은 전쟁을 겪으면서 수십만 명의 포로들이 1637년 중국 심양의 노예시장으로 끌려가기도 하였으며 일본에 나라를 빼앗기며 굴욕적인 모욕을 당하기도 하였다.
한국이 최초의 세계제국으로서 유라시아 대륙의 동서로 2만리 남북 5만리를 다스렸다는 것은 역사적 사실이다. 이는 한민족의 B.C. 4,000년간의 역사를 총망라 한다.
환국 B.C. 7197-3897년의 12환국 연방의 세계 제패로 시작하여 배달국의 1,565년간에는 백두산에 신시(神市)를 건설하면서 호랑이

를 섬기던 호족과 이주민인 곰족을 교화하였다. 호랑이족과 곰족은 족속을 표징한다

1. 치우천왕과 한민족의 대제국 제패

　배달국 18대 중에서 14대 치우천왕은 지대한 역사적 의의를 가지고 있다. 곧 중국 한족의 시조인 황제 헌원과 탁록의 들에서 10년 동안 73회를 싸워 황제 헌원을 신하로 삼았는데(『환단고기』), 중국의 사기(史记)에는 황제가 치우(蚩尤)천황을 마지막으로 한번 3일 전투로 멸하여 죽였다는, 믿기지 않는 다른 기록이다.
　"치우는 전쟁의 신으로 철이마와 동투구, 각종 금속 병기, 큰 활을 쏘았기 때문이다."
　그러나 그 이후의 시대에도 사람들이 치우를 숭배함으로 수천 년 동안 전쟁의 신인 치우에 제사를 드리는데 황제(皇帝), 진시황, 송대에 이르기까지다(중국역사강당1권 中国历史讲堂/卷1, 王恆偉 田野 王薇, 中華书局香港有限公司, 2005).

2. 창조의 원리를 담은 『환단고기』

　첫째, 이로써 치우(蚩尤)가 지배하던 구이(九夷)는 하남과 산동(曲阜)이었고 황제와의 탁록 전쟁도 하북에서 일어났기 때문에 치우의 단

군 조선은 산동과 하남 지역의 81씨족이 중심이었음을 알게 된다(중국사, 李泉, 联经出版公司, 台北, 2010).

둘째, 고조선은 47대의 단군을 2,096년간 이어가면서 B.C. 2333-238의 역사 기록을 남기고 있다. 이는 중국의 위서에도 "단군왕검이 계셔서 아사달에 도읍을 정하시고 나라 이름을 조선이라 하시니, 요(堯帝)임금과 같은 B.C. 4100년의 시대"(汤芸畦, 中国历史故事, 三联书店公司, 香港, 2018)라 하였다. 송화강(하얼빈)의 아사달 시대의 삼한으로 시작하여 백악산(장춘) 아사달의 상조선 그리고 장당경 아사달(개원)시대의 대부여로 이동하였다는 사실이다.

셋째, 홍산문화(B.C. 4500-3000)로서 동아시아의 요하 문명은 환국, 배달국, 고조선의 유적인데도 중국은 만주족, 몽고족, 여진족, 조선족이 모두 황제의 자손이라는 진실이 도착된 가상적 이론을 시도하고 있다.

3. 카발라 『창조의 책』

과연 무엇이 관건인가?

아담도 아브라함, 모세도 하나님과 직접 대화한 "구전의 원리"다.

한국의 역사학자들의 도착된 사상으로서 타민족 곧 일본과 중국의 민족주의 패권과 굴기에서 자신의 정체성을 찾지 못한다는 점이다. 필자가 공부한 연세대와 한양대학교 사학과에서 탐구한 과정에 의하면 고대 유적 발굴에 거의 일본 학자의 논문을 제외하면 한국 학자들의 연구는 부재하다는 사실이다. 그러므로 자연히 참고문헌을 연구하되 다른 연구의 내용이 거론될 수 없는 과거의 실정이었다.

다시 말하면, 한국은 식민지 국민으로서 정복자의 역사 공정에 함몰되었다는 사실이다. 그래서 70-90년대의 학자들이 배운 것이 일본말, 중국말이었다. 이러한 세대가 해방 후에도 사회 각층에서 지도자로 군림한 사실과 과도적 시대의 도착됨을 스스로 깨닫고 백의 종군으로 처신할 일이다.

이제 우리는 과거의 유산에 매달릴 것이 아니라 잃어버린 상고사의 정수를 회복하고, 새로운 방법론을 추구, 쇄신하여 우리의 뒤틀어진 역사와 한국인의 본질을 바로 세우는 작업에 착수해야 한다.

『환단고기』와 카발라의 아브라함의 『창조의 책』에는 창조와 만물 운행의 구원의 비밀이 담겨있다. 곧 아브라함이 기록한 6천 년 전의 창조의 태동과 원소인 10세피로트(신령)로 거룩한 엘로힘의 무한의 영->공기, 물, 불, 동서남북, 넓이(땅), 깊이로서 무한의 선악, 시작도 끝도 없음 一始無始, 一終無終(히브리어 영어 역은 His beginning has no beginning and His end has no ending)이다.

창조주 하나님이 동서양의 인간에게 말하는 진리는 6천 년 전 동시대에 『환단고기』의 삼신(三神)을 통한 음양과 오행의 창조이며, 카발라는 말씀이=하나님이며=히브리 단어 22(영)=태극과 만물을 창조하는 무한의 태초가 된다. "태초의 원동력인 하나님과 천사들의 영 그리고 히브리 알파벳과 숫자로서 만물을 창조하고 각인하는 운행의 원리도 포함하고 있다"(『창조의 책』, 아키바, Sepher Yetzirah, Martino Fine Books, 18쪽, CT, 2019).

또한, 동으로는 천, 지, 인의 철학과 『천부경』, 서방은 창조의 원리와 아브라함과 모세에 말씀하신 토라 율법인 것이다. 그것은 하나님을 향한 "마음의 할례" 그리고 자신의 육체를 극복하고 "하늘 마음"(『환단고기』)을 되찾는 "하나님과 이웃 사랑"임을 알고 지켜 행하는 것이다.

곧 하나님께 대한 회개를 말하여 치료와 영생으로 이어지며(계 22:2) 더 나아가서 마귀와 흑암에서 빛으로, 또한 "많은 사람을 옳은 데로 돌아오게 한 자는 별과 같이 영원토록 빛나리라"(단 12:3)라는 말씀으로, 역시 구원과 하늘의 상급을 동일하게 언급하고 있다. 예기치 않은 상황을 당하여, 보통 세상에서 박해와 축복을 겸하여 받고(막 10:30) 라는 개념을 말하게도 되나, 주의 훈련을 받는 경우에서 주의 사명을 감당하는 하나의 과정으로서 깨달음이 필요하기도 한다.

그리고 유대주의에서 하나님을 발견하는 생명나무는 토라 곧 말씀이신 그리스도를 뜻하는 것이다.

『환단고기』의 사상을 시대적 특징으로 평가하기 어려운 시점에서, 카발라는 아담의 족보를 위시하여 구전의 하나님 말씀을 수천 년간 전수했다는 사실이다. 상고사에 전 세계 수만 곳을 통하여 창조주를 경배하던 상고사의 민족들은 고인돌에서 북극성과 삼성(7별)과 묘성(Orion, 별자리)을 향하여 하나님의 뜻을 살피고 기도하였으며, 이는 세상의 두 땅 끝에 전수하는 두 가지 사상인 『환단고기』와 카발라의 철학과 사상으로 오늘의 역사의 맥을 정립하는 것이다.

이러한 하나님의 나라는 빛의 진리와 말씀을 통과하면서, 탐욕과 교만과 증오의 병든 마음을 치료받고 주의 통치를 받는 진정한 자유로 변화되는 것이다. 이는 달마다 맺은 새 열매로서 성소(Santuary)로부터 나오는 천국의 강이요, 거듭난 성도들의 영의 성전, 중생의 삶을 뜻하는 것이다(겔 47:12).

제3장

『환단고기』(桓檀古記) - 카발라의 방법론

　『환단고기』는 이유립이 1979년에 출간한 네 권의 책으로서, 동방의 상고 시대는 중서방의 카발라의 창조와 태초, 그 이후의 시대와 맞물려 돌아간다. 『환단고기』의 역사 기록은 문자가 없던 시대에도 창조주의 말씀이 그대로 수천 년의 맥을 이어오는 현장으로, 바로 카발라를 포함한 구약의 성경과 천사『라지엘의 책』, 아브라함의『창조의 책』, 구약을 영적으로 해설하는 23권, 125만 단어의『조하르』등이 공존한다.

　창조주는 무한이라는 역사에서 아담을 지으시고 인간의 역사를 시작하되, 시작도 끝도 없는 6천+1천=7천 년이라는 하나님의 설계도라는 사실이다. 엘로힘의 하나님이 인간의 역사를 시작한 시점이 B.C. 3983년으로 6천 년의 역사가 종말이며, 후에는 천년왕국으로 우리는 토라를 배우고 가르친다.

1. 하나님의 설계도

　창조로부터 하나님의 설계도에 구원과 복음이 있고, 만물을 다스리시는 원리가 있으며, 인간이 왜 어떻게 살아야 하는지 말해 주고 있다. 그리고 『환단고기』와 카발라가 이 말씀을 공유하고 있다.

　이러한 말씀은 주로 하나님과의 구전의 소통으로 전해 내려오는 영의 말씀이기 때문에 역사적으로 보지도 듣지도 못한 영의 말씀을 제대로 아는 자가 매우 드문 것이 현실이다. 기독교의 역사를 보면 인간이 얼마나 우매하며 흑암의 세력 곧 악령의 지배를 받았는지를 한 눈에 볼 수 있다.

　단도직입적으로 말하자면 사람이 이 시대에 태어나 심판 받는 것이 아니라, 6천 년의 빛으로 세상을 비추던 역사와 빛의 심판을 받는 6천 년의 인간들이 한 번에 주 앞에 서게 된다. 그 말씀이 "신성한 자와 신성함을 입은 자들이 다 한 근원에서 난지라, 예수의 은혜로 말미암아 모든 사람을 위하여 죽음을 맛보려 하심이라 그러므로 만물이 그를 위하고 또한 그로 말미암은 이가 많은 아들들을 이끌어 구원의 영광에 들어가게 하시는 그리스도의 일"(히 2:9-10) 곧 천지인의 사상이다.

　여기서 우리는 신비한 『삼일신고』(三一神誥, 上帝 제사문 참조)의 신성 본성의 진리를 발견하게 되는데, 이는 죽음의 세력을 잡은 자 곧 마귀를 멸하시며(히 2:14) 그리고 십자가를 통한 새로운 신성한 영의 돌파를 체험하는 일이다. 동양사상에 결핍된 이러한 관점으로 보면 사람들이 구원의 복음을 알고 있다고 착각, 잘못 알고 믿었음이 드러난다.

2. 『환단고기』와 카발라의 방법론

『환단고기』와 카발라는 창조의 원리와 운행의 규범, 영의 원리와 하나님(천지인)의 신성, 메시아의 구원의 원리 등 사상과 철학과 신앙의 기초를 정의해 주며, 마음의 할례 곧 "옷을 찢지 말고 마음을 찢으라"(욜 2:13)는 태초부터의 교훈이 있다는 점이다.

3. 유대인의 후손인 트럼프와 일론 머스크

사람들은 어두움의 인생을 살아가고 있다. 세상의 언론과 풍문이 적그리스도의 수중에 들어가 있기 때문이다. 우리가 주목할 것은 유대인의 두 가지 파벌이다. 일루미나티 혹은 조지 소로스나 헨리 키신저 같은 인물을 제대로 평가해야 하며, 특히 트럼프와 일론 머스크를 하나님의 사람으로 보아야 한다. 이스라엘의 이스루(Isru)는 아일랜드와 스코틀랜드의 조상과 일맥이다.

트럼프의 어머니는 스코틀랜드 히브라이드(Hebrides) 섬 출신이며 신앙이 좋은 여동생 둘이 있다. A.D. 70년대 로마에 의해 이스라엘의 10개 족속이 나라를 잃고 스페인으로 왔다가 갈리아와 영국 섬들에 흩어졌는데, 히브리의 히버리(Hiberi, Iberi, 켈트족 Celts), 히버리안(Hiberian)은 지금도 아일랜드 사람(Irish)으로 부르고 있다(Hebrews, Yair Da-vidiy, Brit Am, Jerusalem).

<브루클린>(2015 오스카 영화상 후보)은 아일랜드 사람들의 뉴욕에서 이민 생활을 다룬 로맨스 영화다. 그 첫 부분에 한 노인이 바에서 <아리랑>(The Gloaming/ Casadh An Tsúgáin)을 부른다. 특히 "나를 버리고" 똑같은 높은 곡조는 동과 서로 갈라져 나갔던 우리 조상의 뿌리로 소름이 끼친다.

제 2의 아리랑인 "노을"이 부르는 노래 가사는 이렇다.

"푸른 숲 바닷가에서 만난 소녀,
세상은 고요하고 흰 카펫을 깔자
약속한 내 마음을 빼앗은 그녀,
내 곁에 그리고 집 앞에 함께 있어 주오.
아!
슬픔의 고통이여, 그러나 그 소녀가 일요일에 나를 떠나 간다네."

일론 머스크는 5대 할아버지가, 1742년 남아프리카의 케이프타운의 야곱 빌러이며, 이는 야곱이 레아에게서 낳은 스불론 지파, 엘론 사사의 직계로 본다(삿 12:12; 창 46:14, B.C. 1030). 일론의 스페이스 엑스, 전세계 인터넷 통신망은 우크라이나 군대의 결정적 무기로서 그 위력을 발휘하고 있다.

세계 증권의 신(神), 워렌 버핏의 평가로 "불가능을 가능케 하는" 일론 머스크는 스피노자의 하나님을 믿는다고 말하여, 크리스천 카발라와 모든 유대주의와 크리스천 신학을 통일하는, 영적 개념의 초월적 위치를 점하는 것이다.

다시 말하면 『환단고기』의 철학이 유대인의 계보를 통하여 전수되어 내려오는 것이다. 유대인들은 수백 년의 핍박을 견디면서 이름과 성을 바꾸는 일이 허다하였다. 그럼에도 유대인의 뿌리가 세계를 지배하고 있으며, 부의 이동 역시 유대인에게 돌아가게 되어 있다.

> 예루살렘을 혐오하는 자는 멸망을 자초하게 되는 것이다(시 122:6).

4. 왜곡된 역사를 바로 잡는 혁명

> 이스라엘 족속아 내가 한 나라를 일으켜 너희를 치리니 그들이 너희를 학대하리라(암 6:14).

역사의 전환기는 종교의 역동성을 보면 즉시 지옥문을 발견하게 된다. 미국의 장로교는 몇 년 전만 하더라도 100만 신도로 축소되었고 매년 5퍼센트 줄어든다. 팔레스타인이 불공평하게 쫓겨났다는 잘못된 생각을 가진 지도부 때문에 오히려 하마스를 도우려 한다는 점이다. 이러한 반역의 영의 영향을 받은 나라들은 흑암의 뿌리에 갇히게 되어 주의 징벌을 반드시 받게 된다.

한국의 5대 종교도 이러한 검은 세력에 속고 있으며 사회 각층은 썩어 문드러져 30-40년이 되었다. 2022년 8월 11일, 지난 45년 동안 (1978년 9월 8일 의로운 존 폴 교황의 피살과 여호사밧 골짜기의 심판으로부터 시작, 욜 3:12) 종말의 계시를 받아온 필자는, 북한의 청년들이 각 기업에 들어와 행세하고 남한의 젊은이들이 도우미 역할을 하는 것을 환상으로 보았다. 군복을 입은 장교가 총을 차고 항거하는 자를 잡아 죽이려 수색한다. 이 환상은 핵 두 발이 터지고 좀비 같은 군대들이 승리하는데 후에 가서야 서서히 패망하는 상황이다. 다시 러시아 해군이 항구 도시를 점령하는 모습이다.

우리 민족은 역사에서 보듯이 이렇게 참살을 당한 후에나 깨어날 것이다. 그러나 지금은 예전과 매우 다르다. 참 사상을 잃어버린 우리 민족이 세뇌되어 동서남북을 가리지 못한다는 점이다.

이미 천지인의 내재하는 "하나님의 본질"을 추구하는 진리에서 멀리 떠나갔으니 돌아올 수 있을까?

한국은 동방의 예루살렘으로 "인자들아 너희가 정의를 말해야 하거늘 어찌 잠잠하냐"(피 58:1) 그리고 "귀머거리 독사 같으니 … 내가 그 삼분지 일을 불 가운데 던져 은 같이 연단하며 … 그들이 내 이름을 부르리니 내가 들을 것이며"(슥 13:9)의 사건이 될 것이다. 우리가 뜻하는 바는 천, 지, 인의 셋이 합일하는 홍익인간의 신권 정치를 베풀 때, 영적, 물리적 6천 년(카발라)이 파하고 우리는 세계 12연방을 비롯 미국과 유럽도 환호하는 국가로 세계를 선도하는 것이다.

로마의 몰락은 물론 중국의 보안법으로 야당 정치인 95퍼센트인 247명이 구치소에 감금된 홍콩은 지난 2년간 20만의 핵심 인재들이 이민을 떠났다. 국가의 정신이 타락하여 무너지면 나라가 망해 백성은 흩어진다. 선한 지도자들이 사회를 선도하고, 하늘의 법도와 자비의 빛을 구해야 "오직 정의를 물 같이 공의를 마르지 않는 강 같이 흐르게 할 사명이다"(암 5:26).

개인과 나라와 사회에 숨겨진 죄악과 불의는 한자 오차 없이 하늘의 진노로 응함이 하늘의 진리다. 이스라엘의 심판 전에 마지막 내리신 하늘의 명이다. 이러한 일들을 국민이 깨달아 회개할 때 핵 두 발은 날아오지 아니할 것이다. 인간이 반드시 알아야 하는 사실은 하나님은 마음을 통찰하신다.

> 북이스라엘은 여로보함이 금송아지를 신으로 만든 죄로 인하여 50만명의 군사가 유다 자손에 죽임을 당한 것이다(대하 13:17).

제4장

카발라, 『환단고기』의 영성과 한국의 상고 역사

　역사철학을 연구하기 위해서는 그 주제에 관한 종교적, 철학적, 역사적인 통찰을 필요로 한다. 그것은 인간의 관점을 초월하는 창조주의 의도와 뜻에도 관여하며 그로 인한 시대와 사회정신을 영유하여 살아가는 각 시대를 평가하는 척도가 되는 것이다. 『환단고기』와 카발라는 창조주가 인간에게 전해주는 동일한 말씀으로서 동방과 서방에서 전수하되 똑같은 신비와 영적인 내용을 담고 있다.

1. 『환단고기』(桓檀古記)

　『삼성기』: 인류의 창세 역사와 한민족사의 국통의 맥을 바로 세우는 근간이 되며 한(韓)문화의 원형을 환(桓, 본성)으로 말한다. 또한, 현 인류의 시조인 나반(那般)과 아만(阿曼)의 이야기를 언급하고 있다.
　『단군세기』: 고려 말 이암의 책으로 47대 단군의 2,100년의 역사를 삼한 관경제의 관점과 연대기로 한 고조선의 역사와 문화. 무진 50년 곧 B.C. 1733년에 다섯 개의 별이 모였음을 기록한다.

『북부여기』: 고려 말에 범장이 쓴 책으로 북부여는 고조선을 계승하였고 시조 해모수로부터 B.C. 39년 동부여의 3세 B.C. 22년까지의 역사이며, 남삼한(南三韓)의 기원과 고구려 시조 주몽에 계승을 밝힌다.

『태백일사』: 조선 중종 때 이맥이 쓴 8권의 책으로 환국에서 고구려, 대진국(발해), 고려까지의 역사를 기록하였다. 첫머리의 삼신오제본기는 고조선 상고사의 중심 사상이라 말한다.

"땅을 다스리기 위해 積을 하나로 하고, 음阴은 十鉅를 세우고 양阳은 無匱를 만들었다."

소도경전본훈은 -『천부경』과 삼일신고(三一神誥), 참전계경을 포함 한민족의 우주와 신관 인성론의 원형을 밝혀 준다.

2. 『환단고기』로 정립하는 한민족의 상고사

첫째, 환국은 7명의 환인이 통치하였으며 B.C. 7197-3897년까지 3,300년을 다스렸다.

남북 5만리 동서 2만리의 12환국으로 구성, 『삼국유사』 고조선조에 기록되었다. 12환국 중 우르국 사람이 수메르 문명을 건설하였고 한국어와 100개의 단어가 동일한데 아빠, 엄마, 사람, 아우, 달, 복, 코-코아, 머리-마라, 발-바라 등이 그렇다.

둘째, 배달국은 B.C. 3897-2333년, 18대 환웅, 1565년, 호(虎)족과 웅(熊)족을 교화하였다. 14대 치우천왕은 대제국을 확보하고 도읍지를 북경 부근의 청구로 옮긴 상고 시대의 중점적 인물로 천자(天子)이다.

셋째, 고조선은 B.C. 2333-238, 47대 단군 조선 2096년, 가람토 문자(한글 고본) 사용하였다.

신라 말기의 유학자인 최치원(857-908) 선생이 오래전부터 우리나라에 불교, 유교, 도교를 포괄하는 현묘 지도가 있다고 언급하였는데, 곧 『환단고기』의 초월적인 도를 칭한다. 고려 때까지 흥왕하던 이러한 옛 문헌들은 조선 시대에 태종과 세조가 불태웠으며, 예종 때는 사형으로 어명 하였으므로 그 후부터 겨우 필사본으로 남았다. 독립 운동의 시기에 역사를 지켜 나라를 정립한다는 정신으로 훌륭한 항일 운동의 지도자들이 민족의 정신을 도모하는 문헌들을 발굴하여 민중에 알리기 시작하였다.

1910년 일제는 20만 권의 대한민국 상고사에 관한 책을 거두어 소실하였으며 식만 사관의 역사를 위조하여 침략을 정당화하는 제도적 역사를 만들어 내었다.

만리장성, 북경-항주 운하와 아울러 중국의 3대 기적에 속하는 사고 문서(四庫全书)는 역사서, 제자 백과, 경서, 문집의 4종류로서 4천 명의 학자가 13년을 기록한 8만 권의 필사본이다. 건륭 황제 60년(1795년), 청나라 고종 때 만들어진 사고 문서를 참고하여 한민족의 상고사를 재건하면 나라의 국통을 세우게 된다.

"조선하(조하)를 지나 90리의 북쪽에 고북(하)구가 나온다"라는 기록과 "조선성" 등이 있으며, 이는 고조선의 위치가 북경 부근이었음을 확증하고 있다(사고 문서 북변 지리, 심백강, 민족문화연구원장).

3. 카발라『조하르』,『환단고기』와 카발라의 동일성

카발라는 "전통을 받음"이란 뜻으로서 기원 2천 년 전, 야곱이 꿈에 본 하늘 사다리, 모세의 불타는 떨기나무 등과 더불어, 에스겔이 하늘에 올라 본 보좌의 형상, 곧 멜카바 신비적 환상(B.C. 100 - A.D. 1000)으로 시작하여, 크리스천 카발라의 토라와 구전의 하나님 말씀 연구로 이어진다. 무한으로부터 창조와 아담, 아브라함, 다윗 이후의 족보를 기록한 에스라로 후대에 전수된다.

『천사 라지엘의 책』(The book of Raziel the angel)은 아담과 아브라함에게 영적인 지식과 원리를 가르친다. 천문학을 비롯 태양계의 운행과 세상을 통할하는 영적인 영역이다. 또한, 죽음과 영혼의 환생(빌 3:21) 등과 하나님의 뜻을 따르는 창조적인 사랑의 에너지를 제시한다.

『창조의 책』(The book of Formation)은 아브라함이 계시를 받아 쓴 책으로 하나님의 루아의 영으로 물과 불을 창조하면서 10세피로트의 신성이 세상을 창조한다.

첫째, 세피로트는 살아계신 엘로힘의 거룩한 영, 무한의 보좌, 그리고 살아계신 영, 말씀, 음성이다.
둘째, 창조주는 영들의 하늘과 22알파벳을 세 모음, 7쌍음, 12단음으로 창조의 틀을 만든다.
셋째, 세피로트는 하늘로부터 물을 나누고 공허와 혼돈으로부터 만물과 눈으로 땅을 만든다(욥 37:6).

넷째, 영의 창조주는 물로부터 불 그리고 영광의 보좌를 설계하고, 사역하는 천사들과 거룩한 생물들의 세가지 가운데에 거처를 삼으시고, 그의 천사들을 불꽃의 사역의 영으로 삼으셨다(시 104:4).

『조하르』는 카발라의 중심을 이루는 책이며, 125만 단어와 23권의 책이며, 예수 탄생의 성전의 제사장 시므온과 제자들의 저술이다. 토라에 숨겨진 영적인 사실을 해설하는 학문이며, 전통적 방법, 보편주의적 시도, 통합적 종교주의를 뒤로하면서, 특히 20세기 중반부터는 대학 중심의 비평적 유대주의로서 숄렘(Gershom Scholem)과 그 후대들이 추구하는 신비적 유대주의의 갱신을 목표로 한다.

『환단고기』(桓檀古記)	카발라
나는 본래 하늘이며 악한 기운을 극복, 본질로 회귀 知我求独	카발라 아담이 다트와 비나의 구원, 하나님 자녀됨
삼위 하나님, 성(性,마음), 명(命,말씀), 정(精,몸)의 세 요소	케테르 무한, 호크마 지혜, 비나 이해 -삼위 하나님
불생불멸의 진리, 一始无始 一終无終一, 『천부경』	Ein-Sof 무한 -무한에서 하나님과 태초의 시작
우주 만물은 리(理)와 기로 구성되어 있다. 삼일신고	창조의 책, 원소 -물, 흙, 불, 하늘, 땅, 별, 천사
음양오행, 一積十鉅無匱三化 하나는 10으로 크되 삼위 중심	+중간-, 10의 신성(sefirot)역동과 삼위를 유지한다
本本心本太陽昻明人, 본심은 태양 빛 -『천부경』	본심은 태양 빛-빛의 아들이 되리라, 요 12:36
태극의 창조-음양-오행(五行) -오시(五事)	22 히브리 알파벳(태극) -5행+5시+2=12 요소

카발라에서 빛(태양)은 하나님과 사람 사이의 영적인 사다리로 세상에 비추며, 이기적인 사람은 이 빛을 받지 못하며, 정진하려는 자는 하나님의 빛을 받아 케테르-골고다(Galgalta)의 경지로 차차 올라가게 된다. 루아흐(Ruach)의 영에 거하는 "어린이들은" 토라를 배움으로 상위의 영으로 상승한다.

"빛이 있으라"(창 1장)는 그리스도의 빛을 의미하기도 한다. 그런데 이 빛은 6천 년 동안 영적인 빛을 비추어 "개선, 교정"하는 기한으로 정해져 있다.

그리고 피조물은 모두 하나님 빛으로 매긴 이름과 등급이 존재한다. 카발라는 빛을 물리적인 광명이 아니라 영적인 등급으로 보면서, 60만 혹은 수많은 숫자로 등급을 매기며, 또 아담의 죄와 금송아지를 섬기던 죄 등에도 아담의 영혼이 60만 조각으로 파멸하였다고 기록한다. 가장 높은 상위의 영은 지성소로부터 세상에 비춤으로 영적인 표현을 말한다.

이러한 영적인 빛과 함께 역사하는 10세피로트(신성)가 하위의 영에서 상위의 영으로 역사하는 역동적 원리와 악한 자에게 열매를 맺는 심판(기념 책과 분별, 말 3:16-18) 혹은 회복(남긴 자를 용서, 렘 50:20) 등 『환단고기』에서 찾기 힘든 주제에 무거운 분량을 담고있는 카발라에 확연한 차이를 표출한다.

곧 토라의 영적인 해설서로 칭하는 『조하르』를 비롯한 카발라가, 『환단고기』에 비하여 천, 지, 인 간에 역동하는 영적인 원리와 깊이를 논한다면, 창조주의 인간과의 동행(출 40:38, 불기둥 구름 기둥) 혹은 천사와 메시아의 사상, 구원과 심판 등의 관점에서 매우 심오하고 방대하고 높다는 그 상이점이다(마이클 라이트맨, 『조하르』, 이스라엘, 2007).

제5장

기독교의 근원 사상인 『환단고기』와 카발라

하나님에게는 성(性) 마음, 명(命) 말씀, 정(精) 몸의 세 요소가 있고, 시작과 마침도 없는 일시무시, 일종무종으로서 불생불멸의 진리는 곧 카발라의 여호와 삼위일체인 케테르=하나님의 뜻(마음), 호크마=지혜(말씀), 비나=이해(몸)으로의 조성을 말한다.

바울은 가말리엘의 문하에서 토라를 계승 받은 카발라의 도사다. 카발라는 삼위일체 하나님을 창조의 영과 무한의 영원을 제시하는데 이는 『환단고기』에 나오는 삼위 하나님과 무한의 같은 개념이다.

우리나라의 아리랑의 하나님과 함께라는 그 내용이 서쪽으로 가서 아일랜드에 전통적으로 내려오는 것과도 같은 이치다. 이로써 우리는 세계 최고의 사상이 유대주의와 아울러 한국이라는 단군 조선에 유래한다는 사실에 주목해야 한다. 이러한 맥락은 음양과 카발라의 플러스+ 마이너스-뿐 아니라 하나의 영에서 10이란 영(세피로트)으로 발전하는 초월적 영의 원리도 동반하는 것이다.

창조와 하나님의 신성인 10개의 영, 음양과 태극 등 아브라함의 『창조의 책』 그리고 『조하르』 등에는 수많은 철학의 원리가 카발라를 주관하는 동시에 『환단고기』의 철학과도 매우 유사한 점이다.

아마도 그 책들의 내용은 카발라가 『환단고기』보다 20배 가량은 될 것이며, 이는 카발라의 학통이 태초부터 21세기까지 이르고 있기 때문이다.

이렇게 하여 선사 시대 태초의 복음인 카발라와 『환단고기』는 일란성 쌍둥이로서 기독교, 불교, 유교, 도교의 태두가 되었을 뿐더러, 신비한 계획으로서 마지막 종말을 마감하는 시대에 하늘이 선포하는 최초요 마지막 소식 임을 우리는 겸허한 마음으로 받아 깨어나야 하는 막중한 사명인 것이다.

이는 B.C. 450년에 에스라가 역대상·하에서 아담과 아브라함, 다윗 등 이스라엘의 족보를 기록하였듯이, 카발라와 『환단고기』는 태초로부터 내려오는 하나님 구전의 말씀을 후대에 귀로 전하고 때때로는 기록으로 남긴 시대를 초월하여 구전과 문자로 내려오는 말씀의 맥이 된다.

1. 하나님의 말씀인 구전의 복음

이러한 관점에서 우리는 성경의 주요 저자인 바울의 영성과 또 그가, 베드로의 유대인 전도와는 달리, 이방인의 사도로 부르심을 받는 배경에 유심할 필요가 있다. 더 보편적이며 수용적이며 하나님의 마음이 나의 마음, 나의 기운, 나의 몸이라는 본래의 참된 나, 만물의 뿌리인 하나의 본질로서 너와 나는 같은 본질임을 자각하는 진정한 박애의 사랑의 원천이 되기 때문이다.

이러한 개념의 확대는 이방의 죄인을 향한 진정한 본질과 사랑을 바탕으로 접촉의 전도로 열매를 맺게 된다.

> 이 율법책(미츠바 토라)을 가져다가 너희 하나님 여호와의 언약궤(지성소) 곁에 두어 너희에게 증거가 되게 하라(신 31:26).

모세가 이 책을 다 써서 마친 후에 구전의 토라는 여호수아와 장로들에게 가르쳤으며, 그 후로 이 구전의 전통이 전수되는 인맥은 비느하스-엘리-스무엘(민 34:20)-다윗-출애굽의 실로의 아히야(모세의 레위)-엘리야-엘리사-여호야다-스가랴-호세아-아모스-이사야-미가-요엘-나훔-하박국-스바냐-예레미야 등이다.

모세로부터 40세대인 랍비 아쉬(Ashi)까지 전수하는 40세대의 명단을 마이모니데스(람밤)는 그의 책 『미슈나 토라』에 기록하고 있다. 중요한 변곡점은 선지자 예레미아가 죽은 후에 바룩이 바벨론에서 이 구전의 토라를 가르쳤으며, 랍비 아쉬는 바벨론 수라(Sura)의 토라 학당인 예쉬바에서 후진들을 교육하였고 『바벨론 탈무드』(B.C. 465년) 저작의 기초를 놓았고 아들이 완성하였다.

곧 20세대인 바룩은 에스라를 가르치고 에스라는 대제사장인 "정의의 시몬"(Simon the Just, B.C. 310-270)에게 가르치며 전수하였다. 35세대인 랍비 하카도시(Rabbenu Hakadosh, our saintly 선생)는 모세 이후 처음으로 구전의 토라인 미슈나를 집대성하여 대중에 가르쳤으며, 힐렐의 아들인, 랍비 시몬(스승은 아키바)의 아들 하카도시의 학원에서는 랍비 가말리엘(시몬의 아들), 스무엘, 요하난, 치야 등 수많은 랍비들이 전수하였다.

중국인의 진정한 영적 뿌리는 무엇인가?

그 뿌리는 Shang Ti 하나님의 신앙으로, 하(夏)나라(B.C. 2205-1766) 이전인 B.C. 2600으로부터 시작하여 상(商)나라를 거쳐, 주나라(Zhou Dynasty; B.C. 1122-770)말기의 전국시대(B.C. 453-221)전까지 2천년이 넘는 기간이다(Don Richardson, *Eternity in Their Hearts*, 1981, Regal Books, 63). 그러나 이 시기는 단군 조선(B.C. 2333-B.C. 238)이 중국을 지배하던 시기로서 진(秦)나라(B.C. 221)가 통일을 이루기 전까지의 역사이다.

주나라 무왕이, 고기잡이로 유명한 강태공과 함께, 상(商)나라를 치기 위해 성에 도착했을 때에 그 성의 백성들이 하늘을 바라보고 기도하고 있었다는 기사가 있다(중국고대신화와 전설; 장홍매, 상연빈저, 북경연산출판사, 2002).

그뿐만 아니라 上帝/신에게 드리는 제사 문의 내용이 성경(구약)과 완전히 일치하고 있다는 점에서, 중국 민족은 2천년 단군 사상의 전래를 받음으로, 치우천왕이 황제 헌원을 교화하여 『환단고기』=카발라= 유가 사상(제사 문)으로 발전하였으며 제사와 음악으로 백성을 가르치고 하나님을 경배한 민족으로 간주한다(중국철학 간사, 馮友蘭, 五南圖書出版公司, 台湾, 2019).

2. 북경의 제사

다음은 상제(上帝, Shang Ti) 하나님께 드리는 제사 문이다(중국인의 신앙 근원, 大源, 裴瑞明, Mandarin Baptist Church of Pasadena, CA, 2000). 사기(史記) 봉선서(封禪書)에도 언급한 이 제사 문의 5원소는 6천 년 전의 『창조의 책』에서 10원소로 포함되어 나타난다. 저자는 아버지가 한국에서 침례교 선교사였기 때문에 한국에서 자란 우리의 동료이다.

제사 문	성경
태초에 흑암과 형상이 없는 혼돈이 있었다	창세기 1:1-3
금, 목, 수, 화, 토(金, 木, 水, 火, 土)의 5원소가	1. 엘로힘의 영; 一始無始, 一終無終
형성되지 않았고, 해와 달도 빛이 없었다.	2. 영으로부터 공기
오, 신령한 하나님께서 임재하셔서 만물을	3. 공기로부터 물
형성하셨다. 제1 제사문 -Shang Ti 하나님께	4. 물로부터 불(『창조의 책』/ 카발라)
인사 드리는.	10세피로트; 1-4+동서남북, 높이, 깊이
하나님은 하늘과 땅과 사람을 지으시고	이사야 45:12, 요한계시록 4:11
모든 것이 하나님의 창조의 능력으로	
창조 되었다. 제1 제사 문 -Shang Ti 하나님께	
인사 드리는	

영이시여, 당신은 해와 달과 5개의 행성(Planet)을 지으셨다. 그들의 빛은 정하고 아름다웠다. 제2 제사 문.	창세기 1:16,17
하늘 위는 커튼처럼, 땅 위에는 만물이 조성하여 즐거워하였다. 제2 제사 문	이사야 48:13
토기장이처럼 만물을 지으셨다 제9 제사 문-제물을 치우면서.	이사야 64:8
오, Shang Ti 당신은 우리의 기도를 들으신다고 약속하셨다. 제3 제사 문 -보석과 비단을 드리며	잠언 15:29
당신은 아버지가 자녀를 대하듯 합니다. 제3 제사 문-보석과 비단을 드리며.	고린도 후서 6:18
제비가 봄날에 기뻐하듯이 보석과 비단으로 경배하며 당신의 풍성한 사랑을 찬미합니다. 제3 제사 문-보석과 비단을 드리며.	시 57:10
크고 작은 만물이 당신의 사랑의 보호 밑에 거합니다. 제 9 제사 문-제물을 치우며.	시 36:7
자비와 긍휼이 넘치는 위대하고 존귀한 Shang Ti께; 저는 영원하신 하나님을 경배하고 찬양합니다. 제5 제사 문 -처음 드리는 술	이사야 57:15

그의 통치는 영원 하십니다.	이사야 9:7
제10 제사 문-Shang Ti 의 영께.	
당신의 은혜와 덕은 무한합니다.	시편 119:68
제9 제사 문-제사 물을 치우며.	
당신의 이름은 위대하고 존귀합니다.	말라기 1:11
제3 제사 문-보석과 비단을 드리며.	
모든 인간과 만물이 위대한 이름 안에서 기뻐합니다. 제11 제사 문-제물을 태우며.	시편 48:10

3. 아브라함의 『창조의 책』 21쪽, 21라인x22 알파벳=231 문 Gate

　『창조의 책』은 『환단고기』와 같은 음행과 오행으로 확대 창조하는 태극(22 알파벳=로고스 말씀=무한 Ein Sof) 에너지가 도표의 맨 속에 있으며, 이 에너지는 원의 밖으로 돌며 퍼져 만물을 지음에 따라 세력이 약해지는 창조의 원리다. 『환단고기』의 10(十鉅)의 에너지와 카발라의 10세피로트의 영은 같은 이치로 창조의 핵심적 에너지로 역사한다.

　이 도표에는 하나님의 이름과 일월 성신과 10개의 세피로트의 영을 비롯하여, 22의 알파벳으로서 동서남북과 계절 등 만물의 이름이 이 안에 포함된다.

> 누가 이 모든 것을 창조하였나 보라 수효대로 만상을 이끌어내시고 그들의 모든 이름을 부르시나니(사 40:26, 수효, 이름).

처음의 원은 알파벳 22를 함유하며 능동적으로 돌 수 있는데, 바깥의 10개 원으로 다갈수록 힘이 약화되어 위치에 고정된다. 5라인 10째 원에서 ShM은 M을 선으로 Sh는 악이라 하며 매우 중요한 카발라의 대 열쇠라 한다. 밑의 도표 대로 라인 3에서 4와 5의 원을 읽으면 IH=15(IHV=21)가 있는데 이를 주 Lord라 한다. 그리고 11개 원 중에서 8과 9째 원의 9와 19째 선상에서 10세피로트에 연관한 내용이 나타난다. 이러한 합성어들은 안과 밖으로 이동하여 활동하며 만물을 이름으로 불러 창조한다.

히브리 알파벳 22(빛, 말씀)를 비롯 모든 창조의 원리를 하나님으로부터 직접 전수한 것으로도 본다. 제1원은 무한->창조주(케테르)로서 태극에 해당하고, 양과 음은, 둘째와 셋째 원의 호크마(지혜)와 비나(이해)로서 나머지는 8괘로, 또 케테르, 호크마, 비나와 나머지 일곱 사이에는 다트(Daat)라는 접속의 영이 위와 아래(7세피로트)를 연접함을 볼 수있다

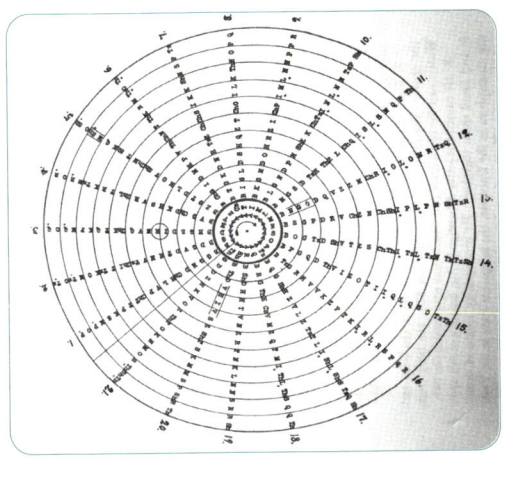

창조의 문(Gates)

4. 천지인의 언어학과 문화의 뿌리에 자리 잡는 문화의 원형

시내산에서 모세에게 준 십계명의 돌판은 히브리어 본일까?

아담과 창조의 때의 히브리 알파벳 22개는 히브리=고조선어-갑골문-한자로서 새 조(鸟)는 옛 발음이 닭, 도리(일본)로서 환국 12연방 최초의 언어의 계보이다(『갑골음으로 잡는 식민사학, 동북공정』, 최춘태, 북랩, 2017).

"하나님이 그것들을 그에게로 이끌어 가시니 아담이 모든 가축과 공중의 새와 들의 모든 짐승에게 이름을 주니라"(창 2:19-20)는 무슨 언어인가?

이러한 이름들은 동물의 형상과도 관련이 있는 언어일 것이다. 또 한가지 이슈는 아담 카드몬(Adam Kadmon) 인간의 원형 곧 하늘의 사람과 이 땅의 사람을 구분하는데 이로써 우리는 하늘의 대리자로서의 나라와 12연방의 통치와 제사장을 선택하기 때문이다(창 1:27; 2:7).

『조하르』는 "인간은 하늘과 땅(천지인)의 모든 형상을 가지고 있으며, 하늘의 사람은 하나님의 10세피로트(영)로서 흑암으로부터 이 땅의 사람과 같은 형상을 창조하였다." 이는 고대 알렉산드리아의 유대인 철학자인 필로와 플라톤이 사람의 형상을 로고스로서 하늘과 땅의 사람이 태동했다는 같은 철학이다.

그러나 가말리엘의 제자였던 바울은 "창조 전부터 존재하는 육의 첫 사람과 또한 육체로 오신 둘째 사람의 하늘에서 나신 메시아 예수로서, 마지막 나팔에 썩지 아니할 것으로 다시 살아나고 우리도 변화하리라"(고전 15:45-52)고 기록한다(Adam Kadmon, Jewishencyclopedia.com, 2021).

환국의 12연방에 나타난 교착어(agglutinative language)는 언어의 문법적 기능을 어근과 접사와의 결합 연속에 의해 나타내는 언어로서, 이 언어의 뿌리를 추적하면 세계 수많은 민족의 분포를 연결하여 분석할 수가 있다. 이 교착어는 창조의 때 만물에 이름을 짓고, 태동하는 파장과 소리 곧 하나님의 구전 말씀에 쓰인 히브리 알파벳이 그 원형으로서, 위의 도표(『창조의 책』, 21x22=231문)처럼 이 22개의 알파벳은 창조로부터 시작하여 수메르에 융합된 최초의 언어로 본다.

첫째, 수메르의 창조 신화에 후두부가 평평한 검은머리 인종이 나타나며, 60진법을 사용하였고 수메르의 왕들은 상투(하늘과 교통하는)를 틀었고 씨름을 하는 조각상도 발견되었다. 여인들은 물건을 머리

제5장 기독교의 근원 사상인 『환단고기』와 카발라

에 지었고, 결혼 전에는 함을 지는 풍속도 우리와 비슷하다.

둘째, 고조선 12연방의 나라들은 환국의 중심부가 사막화함에 따라 동과 서로 민족이 이동하기 시작하였는데 동쪽으로는 한국, 몽골, 만주, 시베리아, 위구루, 미국 인디언, 일본 등으로, 서쪽으로는 12연방 중의 우르국과 수밀이국으로 천산을 넘어 수메르로 이동하면서

Ein Sof
무한 영원

－왼편　　왕관　　＋오른편

생명나무

1. 아칠루트 – 무한
   (Archetypes)

2. 브리야 – 창조

3. 예치라 – 조성

4. 아시아 – 물리적 세계

케테르 왕관
비나 이해
호크마 지혜
Daat 지식
게브라 힘
헤세드 친절
티페레트 아름다움
호드 탁월
네짜흐 승리
예소드 기둥
말쿠트 왕권

다시 터키, 카작스탄, 키르기스, 타지크, 아제르바이젠, 우주베크, 헝가리, 불가리아 그리고 북유라시아와 러시아, 핀란드와 스웨덴, 유럽공동체 공식 언어인 에스토니아(전 러시아 연방)까지의 우랄(알타이)어계 언어 민족이다. 그 언어의 효시는 아브라함의 집안이 우르국에서 사용하였던 창조시의 상형문자인 히브리어, 수메르의 쐐기문자, 동셈어족(Semitic)과 유사하다.

셋째, 천 ㅇ, 지 ㅁ ㅡ, 인 ㅅ ㅣ, 세가지 알파벳이 창조의 만물에 나타나는 동시에 천지인의 교착어의 원본으로서 각 나라와 민족에 천지인 신앙으로 정착되는 것이다. 평양의 대동강 지역에서 발견된 3천 년 전 고조선의 기와 막장에서 고대 히브리어 문장은 "잠언을 지휘하는 사사가 통치하리라, 성도가 모여 기도함으로(오입화-槿花紋-무궁화와 단결하여), 신의 나라가 회복된다 기록하고(맥추절) 있다."

창조의 4단계, 무한-신의 스파크-나타남-물리적 세상. 지혜의 32 경로=22선+10 세피로트

> 내가 내 영광을(Atziluth Emanation) 위하여 창조한 자를(Beriah 창조 Creation) 오게 하라 그를 내가 지었고(Yetzirah 조성 Formation) 그를 내가 (Assiya 생산 Action)만들었느니라(사 43:7).

곧 10 세피로트는 네가지 유형과 세계로 구분하여, 아칠루트(Atzilut)의 정결한 빛의 세계, 브리야(Beriya)의 창조의 이야기 세계, 예치라(Yetzira)의 조성의 품성 그리고 행동을 나타내는 아시아(Assiya)이다.

이 넷은 무한과 영원(Ein Sof)의 통치를 받는다. 3+3+3+1=10 삼신(三神) 불변한다.

제6장

아브라함이 쓴 카발라(10 영)-『환단고기』(10 鉅)-복음

잠언 3:13-20은 삼위의 하나님이 창조하시는 태초의 역사를 기록하고 있다. 이스라엘과 세상에 말씀을 주신 성부 하나님은 성령으로 깨닫게 하시고 다시 천년왕국에서 토라의 말씀을 가르치신다.

"지혜를 얻은 자와 명철을 얻은 자는 복이 있나니, 그의 오른손에는 장수가 있고 그의 왼손에는 부귀가 있나니, 지혜는 그 얻은 자에게 생명나무라(그리스도), 여호와께서는 지혜(호크마)로 땅에 터를 놓으셨으며, 명철(비나)로 하늘을 견고히 세우셨고, 그의 지식(다트=하나님의 뜻인 케테르와 인성)으로 깊은 바다를 갈라지게 하셨으며 공중에서 이슬이 내리게 하셨느니라"(잠 3장).

1. 창조의 원리

하나가 10으로 태생하며, 음양오행을 따라, 다시 하나에서 10으로 반복 재생함으로 만물이 조성되는 창조의 원리이며, 삼신(三神, 삼위 하나님, 케테르, 호크마, 비나)은 불변한다(『환단고기』 태백일사).

2. 일적십거무궤삼화(一積十鉅無匱三化)

아래 도표는 삼위일체 왼편의 비나(Binah)가 또다시 10으로 반복 재생하여 -음의 에너지인 10세피로트를 태생하며(Tevunah), 오른편은 +양의 호크마(Chokma)가 다시 10세피로트로 반복 재생하는데 이를 이스라엘 사바(Israel Sava)라 부른다. 신비한 10거(十鉅)=10 세피로트의 재생이다.

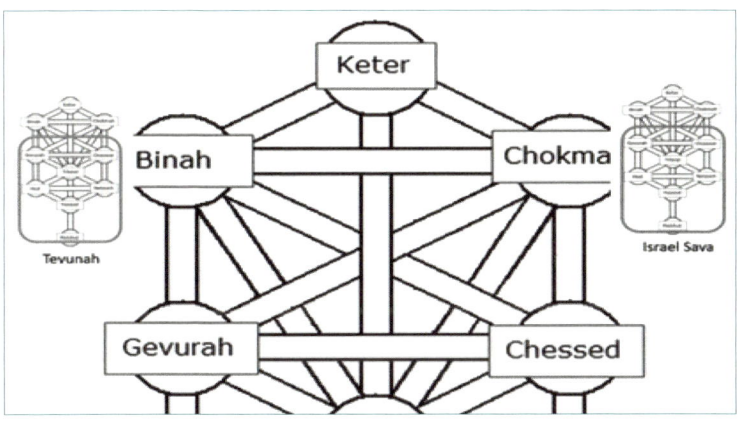

Chabad.org, Chabad-Lubavitch Media Center, 1993-2023.

대한민국은 천손 민족으로서 "너희 빛이 사람 앞에 비치게 하는" 민족이다(마 5:16). 아리랑에는 알(EL)이랑이 포함되는 하나님(EL) 민족이다. 마찬가지로 이스라엘(EL) 즉 하나님의 백성, 혹 나라와 민족의 구원은 토라를 통한 구원이다. 토라는 하나님과 이웃 사랑이라는 이타주의로서 이는 "토라 율법의 완성이 된다"(롬 13:10). 그리고 토라의 원본이 바로 카발라 유대주의에 기초하며, 또한 『환단고기』는 마음과 기와 몸(정)을 다스림이다. 이것이 10 세피로트로서 역대상 29:11에서 하나님의 형상을 정의한다(약 3:9).

> 여호와여 위대하심과 (헤세드, Hesed) 권능과 (게브라, Gevurah) 영광과 (티페레트, Tiferet) 승리와 (네짜흐, Netzach) 위엄이 (호드, Hod) 다 주께 속하였사오니 천지(예소드, Yesod)에 있는 것이 다 주의 것(말쿠트, Malkhut)이로소이다 여호와여 주권(지혜, 호크마 Chokhmah와 이해, 비나 Binah)도 주께 속하였사오니 주는 높으사 만물의 머리(케테르 Keter 왕관)이심이니이다(대상 29:11).

이와같이 10 세피로트는 세 기둥으로 역동하는데 왼편의 부정적인 -(마이너스) 악한 영과 오른편의 긍정적인 +(플러스) 거룩한 영을 중간 기둥으로 연합하면서 위로 상승하여 영의 계단을 올라가, 말쿠트->예소드->티페레트->다트->케테르(무한)에 연합하는 생명나무의 구원을 이루는 것이다.

『환단고기』에서 사람의 세 요소로서 선악, 청탁, 후박으로 신성과 인성의 연합을 추구한다. 카발라의 다트(Daat)는 지식(선악과)으로서 하나님과 동행하는(the upper Da'at of Adam Kadmon) 아담의 상위와 하위적 요소(타락)의 두 부분으로 된, 반-세피로트로서 10세피로트에 속하지 않는 별개다. 하위의 영들이 곧 호코마(창조주)의 지혜에 연합하려고 비나(어머니, Ima)에 기도, 호소한다.

10세피로트(Sefirot)는 창조주의 구전을 전수한 아브라함의 『창조의 책』(*Sefer Yetzirah, The Book of Formation*)에 나타나는데, 창조의 원동력이며 창조의 원리와 운행을 주관하는 하나님의 10개의 성품, 영들이다. 10세피로트의 도표는 위에서 아래로 또한 오른쪽 +(거룩의 영), 왼쪽 -(악한 영), 중간(기도)의 세부분으로 구성되며 중간으로 연합하면서 생명나무의 구원을 이루는 것이다. 『환단고기』의 삼위의 변함없는 삼신(三神)이다.

첫째, 세피로트는 케테르 곧 하나님의 뜻, 왕관이라 칭하며 무한을 의미, 접속한다.
둘째, 호크마 곧 지혜, 창조의 설계와 시작이다.
셋째, 비나 곧 이해, 명철로서, 만물을 조성한다.

나머지 여섯 세피로트를 ZA(Zeir Anpin, 작은 얼굴, 헤세드, 게브라, 티페레트, 네짜호, 예소드, 호드), 곧 아들이라 부른다. 열째는 말쿠트로 위의 빛이 닿지 않는다.

북경의 제사와 절기와 마찬가지로, B.C. 565에 에스겔이 하늘에서 본 하늘 보좌의 양식을 따라 시온의 성막이 건설된 것이다.

> 무릇 내가 (산에서) 네게 보이는 대로 장막의 식양과 그 기구의 식양을 따라 지을지니라 (출 25:9, 30).

또한, 그 하늘의 모형은 피를 뿌린 장막과 그릇으로서 "피흘림의 사함이며"(히 9장). 동서방이 같은 제사를 드리며, 카발라는 토라(Torah), 가르침이란 뜻으로서 영적인 진리를 밝혀 주고 말씀으로 깨끗하게 하는 안내서다. 특히, 초기 카발라는 에스겔 1장의 하나님 보좌로부터 나오는 말씀을 전수하면서, 하늘 보좌를 그대로 시온의 성막으로 옮겨 놓았다. 그리고 성소의 휘장을 거쳐 지성소에서 거룩한 하나님을 만나는 시은좌와, 절기들을 통하여 창조때부터 임하시는 메시아의 동행하심을 토라(모세오경)를 통하여 알려 준다.

3. 천, 지, 인의 삼태극

히브리 22알파벳(무한, Ein Sof)과 숫자의 우주 만물에 창조의 뜻이 담겨있으며, 이는 하늘의 수많은 별과 별자리, 땅의 역사 그리고 사람 인(人)의 삼극이 조화를 이루는 것이다. 모든 창조물에 새겨지는 뜻과 원소는 운행에 따른 에너지가, 카발라의 하나님의 삼위와 『환단고기』의 삼신(三神)의 불변의 원리를 따른다(231문 Great Arcanum of Kabala 도표 참조).

그가 별들의 수효를 세시고 그것들을 다 이름대로 부르시는도다(시 147:4).

첫째, 『부도지』 혹은 『천부경』에서 4원소와 5행론은 Ki(氣), 공기=가슴 , 火(fire=머리), 水(water)=배, 土(earth)=땅, 天符(Chunbu), 그대로 아브라함이 쓴 창조의 책에서도 천지와 인간에 직결된다.

둘째, 『창조의 책』=『환단고기』는 7별자리(눈, 코, 입, 귀)와 함께, 12별자리는 인간의 12기관(두 발, 두 손, 두 신장, 간, 비장[spleen], 쓸개

[gall], 배, 창자, 항문)에 연결되며 이는 히브리 알파벳 12글자로서 천지와 인간의 연동, 곧 별자리 인간학을 나타내며 환국의 국가 행정 조직인 3佰5事로도 발전한다.

우주와 인간이 연합하는 천지인 사상은 우르국과 수밀이국(須密爾國, 수메르)으로 전개되는데, 이는 12연방의 『환단고기』 사상이 원천으로서 세계 최초로 수메르 문명의 별자리 천문학의 기초로 되었다.

Alef (1), Lamed (30), Feh (80)=111, 알레프 Aleph 1=무한으로 다른 알파벳의 숫자값과 합하여 사용하기도 한다. 『삼일신고』는 천지인 삼태극에서 "하나를 취하면 셋이 포함되어 있고, 셋을 합하면 하나로 돌아간다." 천지인의 조화론은 단군을 인신(人神, 골 2:9)으로 삼신이 되며 삼족오(三足烏)와 삼태극 문양으로 지난 5천 년을 전승하였다. 이는 카발라가 음(수동, -)과 양(능동+)이 가운데로 삼태극이 연합하는 정반합이다.

창조의 책(Sefer Yetzira, 43쪽)은 7행성인 토성, 목성, 화성, 해, 금성, 수성과 달의 선과 악(긍정, 부정)의 두축이 있어 돌며 이는 12별자리에 의하여 움직인다. 그래서 2x7x12=168 종류의 변화가 우주에 영향을 미친다. 곧 토, 일, 월, 화, 수, 목, 금요일에 매 시간마다 변화를 준다. 또한, 수성, 화성, 목성, 금성(水, 火, 木, 金)의 별자리를 따라 시대는 다시 원위치로 돌아간다. 천지인이 하늘에 순종하면 태평이 오고 하늘이 진노하면 재앙이 내리는 원리이다.

4. 히브리 22 알파벳(무한 Ein Sof)과 숫자의 우주 만물

א Aleph (Ox) - 1 - Air - Fool
ב Beth (House) - 2 - Mercury - Mage
ג Gimel (Camel) - 3 - Luna - Priestess
ד Daelth (Door) - 4 - Venus - Empress
ה Heh (Window) - 5 - Aries - Emperor
ו Vav (Nail) - 6 - Taurus - Hierophant
ז Zain (Sword) - 7 - Gemini - Lovers
ח Cheth (Fence) - 8 - Cancer - Chariot
ט Teth (Serpent) - 9 - Leo - Strength
י Yod (Hand) - 10 - Virgo - Hermit
כ Kaph (Palm) - 20 - Jupiter - Wheel
ל Lamed (Oxgoad) - 30 - Libra - Justice
מ Mem (Water) - 40 - Water - Hanged
נ Nun (Fish) - 50 - Scorpio - Death
ס Samekh (Prop) - 60 - Sagitt - Temperance
ע Ayin (Eye) - 70 - Capricorn - Devil
פ Peh (Mouth) - 80 - Mars - Tower
צ Tzaddi (Fishhook) - 90 - Aquar - Star
ק Qoph (Ear) - 100 - Pisces - Moon
ר Resh (Head) - 200 - Sol - Sun
ש Shin (Tooth) - 300 - Fire - Judgment
ת Tau (Cross) - 400 - Saturn - Universe

제6장 아브라함이 쓴 카발라(10 영)-『환단고기』(10 鉅)-복음

소——1—빛을 비춤—희롱
집——2—수성———박사
낙타—3—달의 신——여사제
문——4—금성———황후
창문—5—백양궁——황제
손톱—6—황소자리—사제
칼——7—쌍둥이 자리-연인
담——8—게자리—이륜 전차
뱀——9—사자자리—-힘
손——10—처녀궁——-은자
손바닥-20—목성———바퀴
소막대기-30-천칭궁—-정당성
물——40—물병자리—걸림
물고기—50—천갈궁—배신, 죽음
받치다—-60—화살자리—절제
눈——-70—염소자리—악마
입——-80—화성——탑
낚시—-90—물—별
귀——-100—물고기자리—달
머리—-200—태양계—태양
치아—-300—불—심판
십자—400—토성—우주

5. 아브라함이 쓴 별자리 인간, 『조하르』(빛)의 천, 지, 인

『조하르』(빛의 책)가 선언하는 창조와 계시록은 무엇을 말하고 있는가?

카발라의 핵심작인 『조하르』는 인류의 영적 세계를 여는 책으로서, 18세기 카발리스트인 가온(Vilna Gaon)은 GRA 카발라가 1990년부터 구원을 나타내고 이루는 2천 년의 숨겨진, 빛의 비밀이라고 그의 책 『멧비둘기의 음성』(Turtledove)에서 쓰고 있다.

- 칠십 이레(단 9:24)가 되면 메시아 왕이 갈릴리 지방에 나타날 것이다.
- 신부가 단장하듯 찬란한 무지개가 비추며 동방에서 나타나는 별이 북극의 7별을 삼킨다.
- 종말에 이르러 한 별이 70일간 창공에 뜰 것이며, 70개의 별에 둘러싸일 것이다.
- 한 위대한 통치자의 그늘 아래에서 개신교 설교자들이 예수의 재림을 선포하게 된다. 로마(가톨릭)가 멸하고 70개국이 일어나 예루살렘을 공격하며 거룩한 이의 능력으로 멸절될 것이다.
- 불과 화염으로 열방이 멸하여 인류의 역사가 끝나며 메시아가 성전을 새로 짓고 세상을 통치하게 된다(The Secret doctrine in Israel, A. E. Waite).

크리스천 카발라는 역사의 7단계다.

- 창조-아담-무죄
- 타락
- 인간정부-아브라함
- 모세의 언약-토라
- 예수의 부활
- 오순절과 교회
- 천년왕국

환언하면 7단계는 "빛이 있으라"로 시작하는 7일의 창조를 의미하는 동시에, B.C. 3983년의 창조로부터 아브라함까지의 2,000년, 아브라함부터 예수까지의 2,000년 그리고 복음의 교회 시대의 2,000년 곧 생명나무의 완성에 이르는 6천 년의 시간이다(계 22:14, 19; 단 12:3).

하나님이 시온과 예루살렘을 그가 거하시는 독특한 처소로 삼으신 것은 무슨 이유인가?

그것은 이스라엘이라는 땅을, 그의 이름과 그가 통치하는 나라로서 온 세상과 우주에 넘치는 처소를 성립하기 위한 때문이다(시 132; 렘 3:17). 곧 세계와 만방이 주께 나올 수 있는 땅이 되는 것이다.

무릇 내가 (산에서) 네게 보이는 대로 장막의 식양과 그 기구의 식양을 따라 지을 지니라(출 25:9, 30).

또한, 그 하늘의 모형은 피를 뿌린 장막과 그릇으로서 "피흘림의 사함이며 그러므로 하늘에 있는 것들의 모형은 이런 것들로써 정결하게 되는 것이다"(히 9:21-24).

첫 번째 크리스쳔 카발리스트의 이름은 피코이며(Pico della Mirandola, 1463-94), 그는 이탈리아의 신동이며 인본주의자였다. 피코는 시내산에서 모세가 받은 전통과 구전(oral)의 카발라를 눈여겨 보았으며, 『조하르』는 신의 계시로 고전과 기독교의 비밀과 본질을 이해하는 잃어버린 열쇠로 간주하였다.

또한, 존 켐퍼(1670-1716)의 그리스도 예표의 카발라적 이해는 율법을 가감하지 않고도 해설이 가능하며, 할라카 유대 의식을 수행하면서 카발라 신앙 안에서 누구나 충성된 크리스쳔의 삶을 누릴 수 있다는 것이다("존 켐퍼의 크리스쳔 카발라의 메시아니즘", Elliot R. Wolfson, 뉴욕대학교, 2014,). 이러한 말씀의 주제는 하늘의 모형을 따른 이 땅의 성막과 피 흘림의 사함으로 구성되는 천사들과 그리스도의 예표적 사건들을 칭하는 것이다.

또한, 유대주의와 생명나무 메시아 그리고 우리를 인도하시는 하나님의 형상인 10세피로트다.

제7장

천지인으로 평가하는 마틴 루터와 유명 목사들

　많은 신도가 성의껏 믿는다고 하는데, 정확한 복음을 알지도 가르치지도 않는다. 요점은 하나님 말씀이 내려오는 4천 년의 복음과 또 천년왕국에서 다시 배울 토라를 말하는 것이다. 물론 인간의 죄를 대속하신 십자가의 피의 구속과 부활을 믿는 핵심적 복음을 누구나 알고 있다.

　그런데 왜 요한계시록 2장은 신도들에게 "이기는 자" 또 "성령의 말씀을 듣는 자"를 논하는 것일까?

　부자가 천국에 가는 것은 낙타가 바늘귀로 들어가는 것과 같다. 옷을 찢지 말고 마음을 찢으라. 마음의 할례를 받으라. 영으로 중생하라. 길가에 있다는 것은 말씀을 들은 자니 이에 마귀가 가서 그들이 믿어 구원을 얻지 못하게 하려고 말씀을 그 마음에서 빼앗는 것이요(눅 8:12) 등을 깨달아야 한다.

　우리는 모두 "애통하는 자"가 아닌 부자로 살아가고 있다. 그리고 하나님의 말씀, 토라는 언제나 보이지 않는 하나님께 돌아오라는 메시지다. 그러나 인간의 역사는 늘 세상 풍습을 따르는 형편이다.

1. 성 밖에서 온 서신

『환단고기』의 "환단"은 빛이라는 뜻이다. 카발라 역시 빛의 책이다. 그래서 천지인은 빛으로 시작하여 빛의 무한으로 존재하는 것이다. 불생불멸의 본질을 아는 것이 진리이며, 말씀을 통하여 하나님-창조주-우주의 영에 연합하는 것이다. 하늘도 땅도 사람도 하나의 본질 곧 천지인의 합일이다.

그러므로 하늘 마음을 잃고 하늘의 명을 어기고 세속의 욕심과 악함에 거하는 자는 천국에 이르지 못하는 것이다. 이 복음이 아담-아브라함-다윗-바울과 계시록에 이르는 그리스도의 문이라는 점이다.

4천년간 인간에게 말씀하신 토라는 무슨 말씀을 우리에게 주시는 것일까? 토라의 중심은 "하나님 사랑과 이웃 사랑"이다. 이 기본 원리를 지켜 행하는 자가 거의 없다.

첫째, 세상 풍조, 공중 권세 잡은 자를 따름, 불순종의 아들 가운데서 역사하는 영이다(엡 2:1).

둘째, 불순종의 악령을 속아 따르고 또 영의 세계에 무감각한 이유이다.

셋째, 자기 생각과 인본주의, 자기 이익을 구하지 않는 자가 있겠는가?

그래서 하나님의 계획은 천년왕국에서 다시 새로운 성령의 인치심으로 토라를 가르친다는 계획이다.

마틴 루터는 "오직 믿음"의 지대한 공헌으로 복음을 정의하되 이 타주의 사랑의 제1, 2원리인 사랑에 실패하였다. 루터가 정의하는 "믿음"이다.

첫째, 그리스도가 우리를 구원하시기 위하여 탄생하셨다.
둘째, 믿음은 단순히 진리를 믿는다는 신앙이 아니라 행동으로 참여하여 의탁하는 것이다.
셋째, 믿음은 전적인 그리스도의 은혜로서 내 안에 임재하시는 그리스도와 연합하는 것이다.

인간의 행위가 아닌 전적인 믿음에 대한 전적인 은혜를 말한다(Alister E. Mcgrath, 『크리스천 신학』, 옥스퍼드대학교, 2001). 주와의 연합은 자의식의 굴레를 떠난 하나님 입장과 타의식으로의 탈출 이동, 조건 없는 사랑의 실천이다. 주목할 일은 여기서 시작된다.

그러면 우리는 무엇을 어떻게 믿겠다는 말인가?

과연 하나님과 연합하는 삶이란 무엇인가?

바로 토라의 교훈인 "마음의 할례"(신 30:6)이며 바울이 고심한 "내 지체 속에서 한 다른 법(죄)이 내 마음의 법과 싸워"(롬 7:23)이다.

이는 히브리서 6:1에서 "그리스도의 도의 초보를 다시 닦지 말고 완전한 데로 나아갈 지니라", "또 내 몸을 쳐 복종하게 함은 내가 남에게 전파한 후에 자신이 도리어 버림을 당할까 두려워함이다"(고전 9:27).

많은 신도가 성도가 되는 길을 놓치고 어떻게 믿어야 할지 고심하고 있다. 천, 지, 인의 세 본질의 속성이 같은 천과 지와 사람(인)의 실체를 이해하지 못하였다. 아브라함의 축복과 저주의 원리(창 12:3)=카발라=『환단고기』 곧 4천 년 구원의 복음의 뿌리, 천지인의 진리를 몰각하였다.

특히, 유대인을 혐오하여 "전도를 받지 않는 자는 독일에서 쫓아내야 한다"(마틴 루터, "Warning against Jews", 1546)고 하여 이후 유대인 학살을 유도하는 요소로서, 또한 랍비 르윈(Reinhold Lewin)이 언급한 것처럼, 사역자들이 루터의 논점으로 자신들의 반유대인 주의를 정당화하였던 사실이다. 나치 신문으로 <Der Stürmer>는 1937년에 가장 격렬한 반유대주의를 논설하기도 하였다.

구약성경의 천, 지, 인 사상은 사람을 하나님처럼 섬기는 것이며, 이는 하나님의 언약이다.

> 너를 축복하는 자에게는 내가 복을 내리고 너를 저주하는 자에게는 내가 저주하리니 땅의 모든 족속이 너로 말미암아 복을 받을 것이라(창 12:3).

이는 하나님의 나라와 성전인 예루살렘에도 그대로 적용되는 것이다. 인류의 시작으로부터 하나님의 설계도는 축복의 도이며 천지인 합일의 원리를 교훈으로 하였다.

프로나치 그룹인 "독일 크리스천"(1933-1945)은 루터를 히틀러와 나란히 비교하기도 하였다는 점에서 우리는 토라를 망각한 결과가 맺는 내세의 결과에 주목한다. 곧 "사람을 차별하면 율법이 너희를 범법자로 정죄하리라"(약 2:9)는 신앙의 내용인 토라인 것이다.

마틴 루터는 어지러움을 일으키는 고막염과 이명의 귀울림 그리고 한 쪽 눈의 백내장으로 고통을 받았고 특히 1531-1546년의 15년간 더욱 건강이 악화되었다. 1536년에는 담낭과 신장결석에 관절염까지 앓았으며 고막이 파열되었다. 1544년 12월에는 협심증이 시작되었고 1546년 2월 18일에 고향인 아이슬레벤(Eisleben)에서 뇌졸증으로 사망하였다. 사망 사흘 전 설교 내용이다.

> 우리는 유대인들이 회심하기를 기독교의 사랑으로 기도한다. 그러나 동시에 그들은 우리의 적이며 만약 그들이 할 수만 있다면 달갑게 우리 모두를 죽일 수 있다. 자주 그러하듯이.

426년부터 1,200년간 유아 세례와 세례의 중생을 반대한 재침례회(사도 시대의 계승)의 신도 5천만 명이 교황에 의하여 순교하였다. 그러나 개신교 역시, 가톨릭이 낳은 딸들인 회중교회, 장로교, 성공회는 미국의 교회 정착 과정에서 핍박의 주역으로 교인들은 감옥에서 채찍에 맞고 재산은 몰수되었다.

1663년에 비로소 로저 윌리암스와 존 클락의 탄원으로 로드 아일랜드를 시작으로 종교의 자유를 획득하여 나갔다(J. M. Carroll, 『피의 발자취』, Ashland Avenue Baptist Church, 1931). 100만 명을 구원한 카리스마 사역자인 윌리엄 브랜햄은 1965년 교파 교단을 짐승의 표 666으로 보았고 거짓 교회로부터 구별된 "신부"만이 휴거될 수 있으며 교권에 속한 자들을 사탄의 회라 하였다(행 7:51, 성령 거부).

현재는 전통 교단들이 타락으로 유명무실해지고, 6억의 카리스마, 오순절 교회 연합(fellowship)과 침례회 연합(convention)이 독립 교회로 선교와 주일학교로 발전하고 있다.

천국에 가지 못한 유명 목사들 역시 하나님의 계명인 여호와와 이웃의 사랑, 곧 이타주의를 잃고, 주의 교회가 아닌 내 교회와 명성을 떠받다가 실패한 신앙을 맞게 되었다는 관점에서 받는 심판이다.

세계의 5대 종교 혹은 기독교의 성경 등을 오해 착각하는 이유는 중생, 곧 거듭남, 혹은 구원이라는 복음이 영적인 세계로서 문자로 기록하고 전달, 이해하려는 어려움이다. 그러므로 구전의 말씀을 들어 하나님의 영적인 말씀을 이해하는 주석서가 필수적이며, 이는 『조하르』가 토라를 해설하는 해설서로 마지막 시대에 출현한다는 사실이다. 이는 『환단고기』 역시 종말에 세상에 출현하여 읽히게 되는 일과도 맞물리고 있다. 출처가 구전으로 수천 년간 전래하였다는 점에서 같은 맥락이다.

오늘날 우리는 종말의 세대로서 주의 재림과 심판을 기다리는 준비 단계에서 역사의 교훈을 살피는 것이다. 곧 다니엘(단 2:34-35, 45)의 예언에 "산에서 나타난 돌이 인류 역사와 세상을 부서뜨리고 태산을 이루는" 천년왕국 곧 하나님의 나라를 예언하였듯이 카발라 역시 6천 년에 빛의 사역이 끝나고 돌아가는 종말을 예고하는 것이며 이러한 주제를 『환단고기』에 유추하여 상호 개념의 정도를 탐구하는 것이다. 그러므로 인하여 우리는 실로 천국으로 가는 진리의 길을 확립하게 된다.

2. 그리스도 철장으로 깨뜨림(시 2:9)의 종말

그러므로 인간은 그날 곧 하나님이 사람의 역사에 개입하고 말씀하신 그 "태초에"를 역사의 시작으로 삼는 것이다. 그것은 지구의 에덴동산에 아담을 지으시고 아브라함을 통하여 이스라엘 민족을 선택하신 하나님과 인간의 역사를 말한다. 즉, 하나님의 창조의 계획은 6천 년 + 1천 년의 천년왕국으로 도합 7천 년의 역사와 심판이다. 이러한 아담으로부터 족보를 B.C. 445년에 바벨론 포로 생활에서 돌아온 에스라가 구전의 전통을 이어받아 기록하고 있다.

무엇보다 창조주 하나님이 펼치는 세계의 역사는 처음부터 하늘과 땅을 동시에 진행하는 설계도가 있다는 사실은 누구나 상식적으로 수긍하는 일이다. 이러한 역사의 단계는 선지자들을 통하여 세상에 알려지는 동시에 종말이 왜 언제 어떻게 역사의 막을 내리게 되는지도 명백히 계획이 되어 있다는 점이다.

70이레를 기한으로 죄의 역사가 끝나며 영원한 의가 드러나기 전에, 3년 반의 적그리스도와 진노가 임하는 것을 나의 스승인 존이 말한다(John C. Whitcome. *Daniel*, Moody Press, 1985).

> 내가 본즉 이 뿔이 성도들과 더불어 싸워 그들에게 이겼더니 옛적부터 계신 이가 와서 지극히 높으신 이의 성도들을 위하여 원한을 풀어 주셨고 때가 이르매 성도들이 나라를 얻었더라. 성도를 괴롭게 할 것이며 성도들은 그의 손에 붙인 바 되어 한 때와 반 때를 지내리라 그러나 심판이 시작되면 그는 권세를 빼앗기고 완전히 멸망할 것이요, 온 천하의 거룩한 백성에게 붙인 바 되리니 그의 나라는 영

원한 나라이라 모든 권세있는 자들이 다 그를 섬기며 복종하리라(단 7:21-22, 25-27).

다니엘의 기도는 70년이 차면서 예루살렘이 회복되는 요청이다. 첫째 이스라엘의 죄는 "주의 법도와 규례를 떠났으며 율법의 토라를 행하지 아니하였음이다"(단 9:10).

그리고 이 기도의 응답은 예수의 십자가와 그 훗날의 종말에 "7년 평화조약과 그 중간에 제사를 금지함, 또한 끝까지 전쟁이 있고 황폐함이 작정된 것이다"(단 9:26-27). 지금 러시아와 우크라이나 전쟁이 중국-대만, 남북한, 중동과 이스라엘로 진전하는 끝날까지 계속됨을 뜻하는 것이다.

역사를 대표하는 금, 은, 놋, 쇠, 쇠와 진흙의 동상이 돌에 부숴지는 종말까지 주의 나라는 다가온다. 곧 천, 지, 인, 메시아의 돌이다.

손대지 아니한 돌이 산에서 나와서 쇠와 놋과 진흙과 은과 금을 부서뜨린 것을 왕께서 보신 것은 장래 일을 알게 하신 것이라(단 2:45).

시편 78:20 보라. "그가 반석을 쳐서 물을 내시니," 35절은 "하나님이 그들의 반석이시며 구속자이심"을 노래한다. 마태복음 21:42, 44에는 Rock, 돌(stone), Mount Zion=하나님의 나라(His kingdom)로 연결된다. 고전 10:4, 신령한 반석(Spiritual rock)=그리스도시다.

신명기 32:4, 그는 반석이시고(Rock) 완전하고 공의로우신 하나님이시니 내가 너희에게 이른 말은 영이요 생명이니라(요 6:63).

3. 중생의 씻음과 성령의 새롭게 됨

> 레위 사람들아 내 말을 들으라 이제 너희는 성결하게 하고, 하나님 보시기에 악을 행하여 하나님을 버리고 얼굴을 돌려 성소를 등지고 분향하지 아니하며 (대하 29:5-7).

수많은 사람이 뭘 믿고 천국 간다고 하며, 큰 권세를 따른다고도 하고 자신이 선하고 남들처럼 악하게 살지는 않았다고 천국을 기대하면서 살고 있다. 관건은 그러한 헌신이나 봉사를 말하는 것이 아니다. 혹은 무슨 철학이나 고결한 사상을 소유하는 것도 아니며, 주가 우리를 보는 관점에 천국과 지옥의 갈림길이 있는 것이다. 누구나 자신이 올바른 길로 가고 있다고 믿고 있음이 문제다.

모든 것은 생각이 아니라 행동에 있으며, 그 마음에 기초하는 것이다. 그 마음은 주와 함께하는 말씀을 제대로 듣고 있는지를 가리키는 것이다. 그 "말씀"은 성령의 인치심이며 그 행동의 성령의 나타남인 것이다. 인본주의를 살아가는 사람이 속세에서 듣고 배우는 그런 종류가 아니며, 물질을 따라 친구와 동료를 배반하는 것이 아니다.

주 앞에서 "성결하게 하고, 악을 행하지 말라," 삶의 행위가 맺는 열매를 말하므로, 하나님을 버리지 말 것을 교훈한다. 성소의 분향과 번제를 시시때때로 강조하는 것은, 생각에 그침이 아니라 바로 하나님을 굳게 잡는 "마음의 할례"를 행함으로 인도하는 것이다. 그때야 비로소 주님이 성령으로 임재하고 앞서가며 구원의 길을 열어 완성하시는 것이다.

> 예수께서 이르시되 내가 곧 길이요 진리요 생명이니 나로 말미암지 않고는 아버지께로 올 자가 없느니라(요 14:6).

그리스도의 십자가를 통하여 우리는 하나님 구원을 받는다. 그리고 그 길은 "하나님의 말씀을 받은 사람들을 신이라 하셨거든"(요 10:35) 곧 천지인의 본질인 하늘의 본질, 혹은 우주의 영으로 회귀하는 것이다. 만물의 뿌리인 "하나"로 돌아가기 위해서 현재의 잘못된 나를 극복하고 하늘마음 곧 "나는 본래 하늘"임을 깨닫는 것이다. 그것은 인격적인 하나님이 아니라 할지라도, 로고스 혹은 제1 존재의 원인으로서 우주의 영으로 연합하는 것이다.

그리스도 대속의 핵심적 사명은 "모든 불의에서 우리를 속량하시고 깨끗하게 하사 선한 일을 열심히 하는 자기 백성이 되게 하려 하심이라," 곧 우리가 할 일은 "선한 일을 열심히 하는 몫=긍휼을 따라 중생의 씻음과 성령의 새롭게 하심이다"(딛 2:14; 3:5-6). 홀로 가는 인생이 아닌 성령의 동행이다.

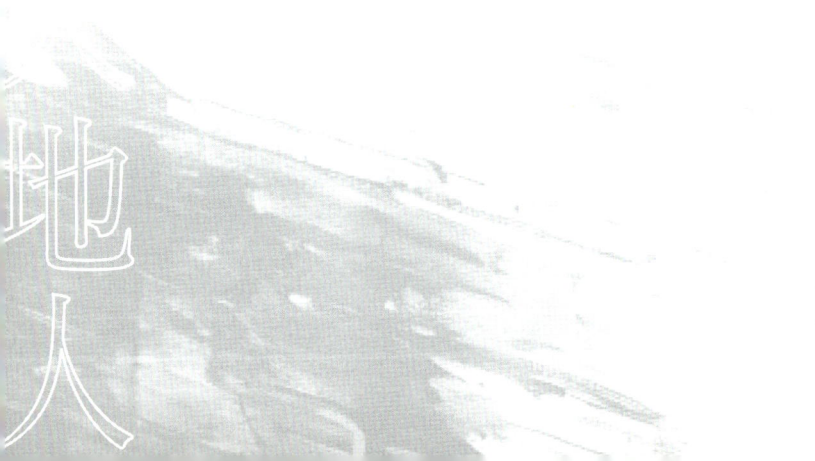

제8장

천국 가는 길 구원의 6단계

　창조에서 계시록의 종말까지 이르는 인류의 구원사인 그리스도의 7절기는, 유월절(1월 14일, 대속), 무교절(1월 15-22일, 성화), 초실절(1월 14-16일, 부활, 고전 15-20-25)과 오순절(3월 6일, 성령)을 지났으며, 미래는 나팔절과 속죄절 그리고 장막절을 기다리고 있다. 이는 바울의 "마지막 나팔의 부활"(고전 15:52)이며 사도 요한이 일컫는 "일곱째 천사의 나팔"(계 11:15)이다.

　그런데 이 나팔절(Yom Teruah, 욤 테루아, 외침, 복음 전파)은 "10일 간의 엄청난 날, 야곱의 환난의 때"(렘 30:7)를 지나고, 또 금식과 회개의 속죄절을 거쳐, 장막절의 영원한 안식인 (무교절의 7째날, 1월 15-22일) 천년왕국, 곧 마지막 안식의 구원에 이르게 된다.

　우리는 현재 나팔절의 7월 1일부터 속죄절의 7월 10일과 장막절(7월 15-22일)에 이르는 14일 간=14년의 "두려운 날들"을 지나고 있는지 모를 일이다. 일곱 나팔이 지나면 휴거가 있고 그 후에 하나님의 진노(계 16:1)인 일곱 대접 재앙이 임하게 되는데, 회개의 나팔절과 속죄일이 지나면 유대인들은 기쁨으로 다음 단계인 닷새 후의 장막절을 맞기 위해 곧 천년왕국으로 들어가는 장막을 짓기 시작한다.

1. 생명나무

하나님의 말씀 중에 처음의 창세기 3:22-24은 영생하는 생명나무로 시작하여, 마지막 요한계시록 22:14-19 역시 두루마기(양의 피에 옷을 빠는 자, 계 7:14, 혹은 말씀을 행하여 지키는 자)를 통한 생명나무 그리고 예언의 말씀으로 들어가는 두루마리에 기록된 생명나무와 및 거룩한 성에 참가함"의 권세를 받게 된다. 온갖 악인들은 "다 성 밖에 있게 된다"(계 22:15).

생명나무는 의인의 열매다.

> 그의 오른 손에는 장수가 있고 그의 왼손에는 부귀가 있나니 지혜는 그 얻은 자에게 생명나무라 지혜를 가진 자는 복 되도다 여호와께서는 지혜로 땅에 터를 놓으셨으며 명철(비나)로 하늘을 견고히 세우셨고 그의 지식(다트)으로 깊은 바다를 갈라지게 하셨으며 공중에서 이슬이 내리게 하셨느니라(잠 3:16-19).

다시 말하면 잠언 3장은 "네 마음으로 나의 법과 명령을 지키라"로 시작하여 신의 품성인 지혜의 호크마 명철의 비나 그리고 지식의 다트로 만물을 운행하시는 창조주 하나님 곧 상위 3위의 세피로트(케테르, 하나님의 뜻, 호크마, 지혜의 설계, 비나, 이해의 조성), 또한 지식(다트)의 운행을 칭하는 것이다.

2. 모세의 노래

요한계시록 15장은 유리 바다 같은 천국에서 부르는 "하나님의 종 모세의 노래, 어린양의 노래를 불러 이르되"(계 15:3-4) 전능하시고 거룩하신 주께 경배하는 일과 더불어 하늘의 증거 장막의 성전이 열리며 하나님의 진노의 일곱 대접을 마지막으로 땅에 쏟는다(계 16:1). 개구리 같은 세 더러운 영이 용의 입과 짐승의 입과 거짓 선지자의 입에서 나오니 그들은 귀신의 영이라 그리고 온 천하 왕들과 아마겟돈 전쟁에 참여하며 만국의 성들이 무너진다.

> 나더러 주여, 주여 하는 자마다 다 천국에 들어갈 것이 아니요 다만 하늘에 계신 내 아버지의 뜻대로 행하는 자라야 들어 가리라(마 7:21).

역시 이 말을 듣고 행하는 자는 그 집을 반석 위에 지은 지혜로운 사람 같으니(마 7:24), 곧 말씀(토라)을 듣고 행하는 자가 하나님의 지혜에 속한 천국에 속한 자라는 말씀이다. 자신의 이익을 위하여 혹은 두려움으로 참고 묵인하는 자가 아니라 행동으로 의를 행하고 주의 뜻을 나타내는 삶을 가리킨다.

하늘에 계신 우리 아버지여(마 6:9), 하늘의 뜻이 땅에서도 이루어지이다. 에스겔이 본 하늘 보좌에 사람의 모양 같은 "여호와의 영광의 형상의 모양이라 그의 음성을 들으니라"(겔 1:28).

> 주께서 높이 들린 보좌에 앉으셨는데, 만군의 여호와여 그의 영광이 온 땅에 충만하도다 하더라(사 6:1-3).

> 곧 하늘의 영광이 땅에 충만한 천지인의 합일이며, 의인의 열매는 생명나무라 지혜로운 자는 사람(souls, 영혼)을 얻느니라 보라 의인이라도 이 세상에서 보응을 받겠거든 하물며 악인과 죄인이리요(잠 11:30-31).

시내산에서 "하나님의 영을 모세에게 충만하게 하여 곧 회막과 증거궤와 그 위의 속죄소" 곧 하나님이 하늘 보좌와 땅의 구원의 속죄소를 연합하신 일이다(출 31:3 천지인). 천국 구원의 6 단계는 이스라엘 백성의 7절기로서 그리스도의 십자가와 재림까지를 나타낸다.

첫째, 유월절로 시작하는데, 첫째 달의 유월절(십자가, 1월 14일, 무교절 15-22, 초실절, 안식일 다음 날의 부활)에 7일 동안 매일 속죄제로 이어지며, 유월절은 어린양의 피의 구원이다.
둘째, 무교절은 고난의 떡을 통한 성화다.
셋째, 초실절은 부활의 첫 열매를 나타낸다.
넷째, 오순절은 인류의 역사의 중반 시기로서 3월 6일에 성령 세례를 지나게 된다.
다섯째, 나팔절은 일곱째 달의 7월 1일로서 세상을 향한 복음의 전도를 신호한다.
여섯째, 속죄일은 7월 10일이다.

일곱째, 마지막 초막절은 천년왕국의 종말의 모습을 그려 주고 있는 것이다.

> 아름다운 나무 실과와 종려나무 가지와 무성한 나무 가지와 시내 버들을 취하여 너희의 하나님 앞에서 이레 동안 즐거워할 것이다(레 23:40; 느 8:15).

실제로 나무 가지로 초막을 지어 7일을 지내며 하나님의 천년왕국을 맞이하는 6천 년이 필요하며, 마지막 1천 년의 절기를 맞이하는 것이다.

3. 복음의 노래

홍콩의 리지산 자락에서는 동이 트기도 전에 아래 동네의 15인이 모여 맨손 체조를 시작한다. 중국 대륙의 관문인 신계의 중심인 타이포의 주민들은 주로 광동성이 고향인 사람들이 많아 조주, 강문, 무명, 하문, 매주 등지의 사투리들이며 그 중 광주의 방언이 표준에 가깝다고 볼 수 있다. 이 친구들은 춘제 즉 구정이 되면 고향을 다녀오고 조상에 제사를 드린다.

아침에 운동을 함께하는 시우웡이 한번은 자신이 춘완에 있는 사당에 제사를 지낸다고 하였다. 그러면 사진을 찍어오라 했더니 장엄한 신들이 있는 곳에서 감히 사진을 찍을 수 없다는 것이다. 1950년 광주의 포교로서 세워진 원현학원(圓玄學院)은 홍콩의 10대 사원에 들지도 못하는데 기독교, 불교, 유교, 도교를 다 통합하는 종교라는 것이다. 그래서 찾아보니 이전 크리스 패턴 영국제독 아래서 영부인과 제독이 여러 번 방문하여 격려하였으며 학교와 양노원 등도 운영하는 홍콩 특유의 도교 계통의 종교다.

이쯤 되어 시간이 되면 복음을 전하려던 나의 계획은 "잘못 전하다가는 망신만 당하고" 운동도 하기 거북할 상황이 올까 좀 두려운 생각이 들었다. 그러지 않아도 기독교인 같은 이 선생이 올라와 인사를 하러 오면 "8지도"(칼, 백과사전이란 뜻)가 온다며 수군대던 모습이 떠올랐다. 이 선생은 나중에 핸드폰을 보면서 "할렐루야" 하면서 우리를 지나치게 되었고 우리가 물어보니 자신도 기독교인이라 하였다.

나중에 보니 로스앤젤레스의 딸이 경배와 찬양의 목사로서 작곡도 하여 CD를 판매하며 부인은 어린이 주일학교 교사로 있고 이 선생은 믿은 지 오래되지 않는다 하였다.

이러한 상황은 거의가 집안에 조상과 신(拜神)을 섬긴다는 풍습이다. 하루는 잎 타이가 관음 목걸이를 하고 있는 것이다. 서로 웃기는 하였으나 하여튼 나는 실망이 되어 기도를 하면서, "중국에서 사역할 때보다 무지하게 힘드네요, 저는 시도를 못하겠으니, 주님이 문을 열어주세요"라고 하였다. 그 이튿날 뒷동네를 지나 교회로 걸어가는데 운동하면서 걷던 잎 타이를 만나게 되었다.

"어깨를 짚으며 같이 갈까요?"

이렇게 물으니 그저 웃으며 말이 없었다. 다음날 15명이 운동을 끝내고 집으로 가려는데 잎 타이가 교회는 몇 시에 가느냐 물었다. 그러자 곁에 있던 잉 자매는 "내가 딸하고 교회를 따라 갔더니 헌금

매미채를 각 사람 앞에 내밀었고 자막을 보고 찬송을 부르는데 자신은 가사만 보았다고 하였다." 아내 미영이 하나님을 만나 예배하는 것 외에 다른 것들은 부수적인 것이라 말하자, 거의 모두가 고개를 끄떡이며 찬성하였고 분위기는 복음 위주로 이미 기울었으며, 잎 자매는 어제 교회 길에서 박 선배 부부를 우연치 않게 만나게 되었다고 간증하였다.

그일 후 며칠이 안되는 3월 24일의 일이다. 얼마 전에 아내가 우리를 운동 팀에 합류하게 도와준 람타이에 아침을 먹자고 했던 차에, 람타이가 단신으로 사는 60세의 동생을 데리고 오는데 복음을 세게 강조하지 말라고 하였다. 그런데 사실은 고집은 람타이가 있고 동생 쉐리는 아주 개방되고 형통한 성격이었다. 우리는 중국의 공장에서 쓰던 사영리 비슷한 복음 전도지를 사용하면서, 팔과 다리의 합곡에 맥을 터주는 한편 말씀을 증거하였다.

덕분에 천주교를 다닌다는 람타이가 예수를 영접하였고 쉐리도 복음을 확인하였다. 한쪽 어깨 근육이 기울어져서 고개가 삐뚤다던 쉐리는 합곡과 용천에 문문칩을 붙여 안마하고 또 두 팔과 두 발의 길이를 같도록 예수 이름으로 명령하고, 머리 뒤통수도 잡아 끌어 올려 치료하고 난 다음에 절을 몇 번씩 하고 집 문을 나서는 것이었다. 그러나 우리 침례 교회의 말씀이 좀 딱딱하고 실생활에 적용 못하는 설교라고 말해 주기는 하였다.

4월 8일 영적인 딸인 애평과 친구 도라가 심천에서 온다고 하여 침샤추이에서 만났다. 둘이 미국 로스앤젤레스를 방문했을 때, 심천의 국제학교 선생이던 페기(Peggy)의 집에 머물면서 매일 베이컨을 주는 바람에 물렸는데 복음을 들을 기회는 있었다 하였으나 신앙 생활은 하지 않는다 하였다.

30대인 두 여인은 험한 인생을 거쳐 나가고 있었고, 다음날에 우리 집 근처 교회에서 예배를 보겠다고 하였다. 교회는 마침 부활절 전도 주일이라 목사와 집사들이 대대적으로 환영하였으며, 우리는 예배 후 집에서 다과를 하며 중국의 공장에서 쓰던 전도지로 전도를 하니 쉽게 이해하면서 예수를 영접하였다. 기쁜 마음으로 홍콩의 시내에서 시간을 보내고 돌아간다고 하여 배송하였다.

4. 예수의 신앙

누구나 예수를 믿으면 구원을 받는다고 하는 잘못된 신앙에 세뇌되어 있다. 곧 거저 받은 은혜로서 자신의 의로운 행동이 아니라 은혜로 받는 자유라는 것이다. 그러면 예수는 믿되 아버지를 믿는 신앙은 어떠한지 묻고 싶다. 성경이 기록하는 신앙의 핵심은 십자가의 대속과 더불어 "하나님의 말씀을 지켜 행함이요, 세례 요한과 예수의 메시지 역시 회개하여 새롭게 되는 것이다." 곧 육체의 죄악을 제어하여 깨끗함을 받을 뿐 아니라, 영으로 거듭나는 성령의 거룩한 삶을 뜻하는 것이다.

> 지켜 행함의 연속으로 이기는 그에게, 이기는 자와 끝까지 내 일을 지키는 그에게 만국을 다스리는 권세를 주리니(계 2:26).

그리고 이 모든 것은 "성령의 말씀을 듣는 자"라는 조건이 필수적인 것이다.

> 사랑은 언제까지 떨어지지 아니하되(끝이 없되) 예언도 폐하고 방언도 그치고 지식도 폐하리라(고전 13:8).

> 에브라임은 죄(false gods 우상)를 위하여 제단을 많이 만들더니 그 제단이 그에게 범죄하게 하는 것이 되었도다 내가 그를 위하여 내 율법(토라)을 만 가지로 기록하였으나 그들은 이상한 것으로 여기도다(호 8:11-12).

> 여호와는 제물을 기뻐하지 아니하고 그들의 죄악(iniquities 고의적)을 기억하여 그 죄(sin)를 벌 하리니 그들은 애굽으로 다시 가리라 이스라엘을 지으신 이를 잊어버리고 왕궁을 세웠으며 유다는 견고한 성읍을 많이 쌓았으나 내가 그 성읍들에 불을 보내어 그 성들을 삼키게 하리라(호 8:13-14).

위와 같이 많은 사람은 자신의 생각과 이익과 명예를 추구하면서, 이웃을 위한 희생은 고사하고, 하나님을 출세의 도구로 이용하면서, 자신의 번영 만을 추구하는 죄악에 빠지게 되는 귀결이다.

5. 성령의 신앙

성령을 믿되 기본적인 삶의 자세와 성부 하나님의 토라 말씀을 망각한 잘못된 혼과 육으로 행하는 자들이 대부분이다. 아버지의 신앙과 예수의 진리가 무엇인지 모르기 때문이다. 덧붙여서 오순절의 파워 신앙은 가졌으나 성령의 충만함을 누리지 못하고 제멋대로 믿는 자들이 대부분이다.

스스로 속는 자신을 내세우는 허풍에 지나지 않는다. 성령이 인도하는 길은 "세미한 음성"으로 하나님의 손이 역사하며, 큰 지진이나 돌풍일지라도 "견고한 (마귀의)진"을 파하는 주의 권능을 보게 된다.

성령은 반드시 방언과 함께 오는 것은 아니며 또 방언을 하여도 성령이 충만하게 되는 것이 아니고, 심령이 변화되지 않는 자는 오히려 이러한 잘못된 성령의 지식으로 죽음에 이르게 된다.

> 거짓말하는 자는 내 목전에 서지 못하리라(시 101:7).

곧 카발라의 네 탐구자들이 여호와를 사모하여 과수원에 기도하러 들어가 주의 이름으로 천국에 다달았으나, 벤 아자이는 죽고, 벤 조마는 미치게 되었으며, 아쳐는 믿음을 버렸고, 랍비 아키바 한 사람만 여호와를 만나게 되었다는 유명한 일화가 있다.

『환단고기』=카발라=천지인의 도(道)는 신성의 본질과 우주의 영으로 회귀하는 인간의 본성이다.

곧 깨끗함과 지식과 오래 참음과 자비함과 성령의 감화와 거짓이 없는 사랑과 진리의 말씀과 하나님의 능력으로 의의 무기를 좌우에 가지고, 너희도 마음을 넓히라(고후 6:7, 13).

> 그 때에 성령이 삼십 명의 우두머리 아마새를 감싸시니 이르되 다윗이여 우리가 당신에게 속하겠고 우리가 당신과 함께 있으리니 … 다윗이 그들을 받아들여 군대 지휘관을 삼았더라(대상 12:18).

제9장

바울의 믿음과 빛의 구원의 설계도

구원의 중생이란 영의 거듭남이다. 그런데 많은 신도가 육으로 예수를 믿음으로 잘못된 신앙 생활을 하고 있다.

> 사탄이 일어나 이스라엘을 대적하고 다윗을 충동하여 이스라엘을 계수하게 하니라, 천사가 천지 사이에 섰고 칼을 빼어 손에 들고 예루살렘을 향하여 편지라 다윗이 장로들과 엎드려(대상 21:1, 16).

구약의 성경으로서 사탄과 천사, 곧 영의 말씀이라는 사실이다. "그 때에 성령이 30명의 우두머리 아마새를 감싸시니"(대상 12:18)라고 에스라는 기록하였다. "성령" 그렇다. 제사장 에스라는 모세로부터 각 선지자들에게 전하여 40대를 넘게 내려오는, 카발라의 전통과 족보를 전수할 때 토라의 영을 깨달아 말씀을 해석하여 백성에게 전한 것이다(스 10장).

우리는 본래 유대인이요 이방 죄인이 아니로되 사람이 의롭게 되는 것은 율법의 행위로 말미암음이 아니요 오직 예수 그리스도를 믿음으로 말미암는줄 알므로(갈 2:15-16).

너희가 성령으로 시작하였다가 육체로 마치겠느냐 너희가 성령을 받은 것이 율법의 행위로냐 혹은 듣고 믿음으로냐 아브라함이 하나님을 믿으매 그것을 그에게 의로 정하셨다 함과 같으니라(갈 3:2-6).

- 유대인=아브라함의 구원의 믿음=하나님 믿음의 의
- 이방인=죄인=육체=율법의 행위->그리스도의 구원
- 성령=하나님의 의=토라의 성령=마음의 할례(신 30:6)
- 율법의 원리는 믿음이 아니라 행함이다(갈 3:12)
- 율법의 행위로써가 아니고 그리스도를 믿음으로써 의롭다 함을 얻으려 함이라(갈 2:16), 곧 율법의 의(회개)가 아닌 그리스도를 믿음의 의이다(롬 3:21, 율법 외에 하나님의 한 의).

죄의 사함은 십자가를 통하여 이루어지지만, 자동적으로 되는 것이 아니고, 본인이 자신의 죄를 깨달아 회개하여 용서받는 과정이 반드시 포함되는 것이다. 그러므로 무슨 죄를 어떻게 잘못했는지를 이해하는 변화, 거듭남의 역사를 거쳐야 하는 것이다. "모든 죄"를 용서받았다는 것은 마치 아무 죄도 회개하지 못함을 의미하게 되는 것이다.

근본적으로 하나님과 새로운 자녀의 관계를 맺는 구원은 하나님과 그의 뜻을 알아야 하며 무슨 죄의 잘못됨을 회개해야 하는지 주소가 분명해야 하는 것이다.

1. 고린도전서 9:27의 바울의 신앙

> 내가 내 몸을 쳐 복종하게 함은 내가 남에게 전파한 후에 자신이 도리어 버림을 당할까 두려워함이로다(고전 9:27).

> … 다시 사람의 정욕을 따르지 않고 하나님의 뜻을 따라 육체의 남은 때를 살게 하려 하심이라(벧전 4:2).

> 선 줄로 생각하는 자는 넘어질까 조심하라(고전 10:12).

곧 토라의 가르침을 따르라, 원망, 우상숭배, 자기 유익을 구하지 말라의 교훈이다. 자신이 도리어 버림을 당할까의 "버려짐"(ἀδόκιμος, adokimos)이란 단어는 불 시험 때(제련)에 타서 없어지는 불순물을 뜻한다.

그래서 바울은 실제로 타락한 육체의 성품 때문에 버림을 받고 천국에 들어가지 못할 것을 두려워한 것이다. 인간의 본성은 하나님의 속성과 함께 마귀의 속성이 함께 존재함을 사도 바울은 로마서 7:21에서 "선과 악이 함께" 존재하는 법을 토로하고 있다.

사도행전 3장에서 사도 바울은 구원의 원초로서 모세와 아브라함 그리고 사무엘 등의 선지자의 계보에서 "너의 씨"를 "예정하신 그리스도"로 밝히 언급하고 있다. 또한 만물을 회복하실 때까지의 종말까지 구원에 이르는 길을 "너희가 회개하고 돌이켜 너희 죄 없이 함을 받아 새롭게 되는 날"(행 3:19)이라고 선언하고 있다.

사람들은 거의 눈에 보이고 듣는 육의 사람으로 살아간다.

> 너희는 아직도 육신에 속한 자로다(너희가 지금도 감당하지 못하리라(고전 3:2-3).

성령의 일과 육신의 일을 분별하는 고린도전서 2:14, 4, 9, 16은 말한다.

> 육에 속한 사람은 하나님의 성령의 일들을 받지 아니하나니 … 그러한 일은 영적인 것으로 분별되기 때문이라(고전 2:14).

> 내 말과 내 전도함이 설득력 있는 지혜의 말로 하지 않고 다만 성령의 나타나심과 능력으로 하여(고전 2:4).

> 하나님이 자기를 사랑하는 자들을 위하여 예비하신 모든 것은 보지도 듣지도 생각지도 못하였다 함과 같으니라(고전 2:9).

> 누가 주의 마음을 알아서 주를 가르치겠느냐 그러나 우리가 그리스도의 마음을 가졌느니라(고전 2:16).

주 예수의 아버지 영원히 찬송할 하나님이 내가 거짓말 아니하는 것을 아시느니라(고후 11:31).

여호와는 나의 요새이시요 나의 하나님은 내가 피할 반석이시라, 오라 우리가 여호와께 노래하며 우리의 구원의 반석을 향하여 즐거이 외치자(시 94:22; 95:1).

2. 하나님의 12가지 음성

① 모세와 대면하여 말씀하심(출 33:11)
② 꿈, 꿈에 하나님의 사자(천사)가 야곱에게 말씀하시기를 (창 31:11).
③ 환상, 여호와의 말씀이 환상 중에 아브람에게 임하여 이르시되 두려워하지 말라(창 15:1).
④ 불, 여호와의 사자가 떨기나무의 불꽃 가운데로부터 모세에게 나타나시니라(출 3:2).
⑤ 나귀, 여호와께서 나귀 입을 여시니 발람에게 이르되(민 22:28).
⑥ 세미한 음성, 불 후에 세미한 음성이 있는지라(왕상 19:11).
⑦ 선지자, 한 선지자를 보내시니, 여호와의 사자가 기드온에게 나타나 이르시되 큰 용사여(삿 6:12).
⑧ 폭풍우, 여호와께서 폭풍우 가운데서 욥에게 말씀하여 이르시되(욥 38:1).

⑨ 우림과 둠밈, 제사장 아비아달이 에봇을 다윗에게로 가져가매 다윗이 (에봇의 우림으로) 여호와께 묻자와 이르되 내가 이 군대를 추격하면 따라잡겠나이까 하니 여호와께서 대답하시되 (삼상 30: 8).

⑩ 벽에 글을 씀, 그 때에 사람의 손가락들이 나타나서 석회벽에 글자를 쓰는데(단 5:5).

⑪ 구름 속에서 음성이 남, 구름 속에서 소리가 나서 이르시되 이는 내 사랑하는 아들이요(마 17:5).

⑫ 밤에 노래를 줌, 나를 지으신 하나님은 어디 계시고 밤에 노래를 주시는 자가 어디 계시냐고 말하는 자가 없구나(욥 35:10).

마태복음 5:17-19에서 "율법 토라의 일점일획도 결코 없어지지 아니하고 다 이루리라 누구든지 이 계명 중에 하나라도 버리고 가르치는 자는 천국에서 지극히 작다 일컬음을 받을 것이요"라는 말씀은 제8 계명의 "도둑질하지 말라"가 얼마나 엄중한 교훈인지 알게 되는 것이다.

히브리 원어의(t-genob) 뜻으로, 곧 도둑질은 훔치는 것 외에 속여 탈취하는 내적인 요소를 포함하기 때문이다. 그래서 토라를 왜곡하거나 경홀히 여기며 혹 속이는 행위는 결단코 심판을 면하지 못하기 때문이다. 특히 "말씀을 도둑질하지 말라"의 계명을 가르치는 선생이나 사역자가 토라의 말씀을 제대로 가르치지 못하거나, 성도들이 구약의 말씀을 오해 곡해하는 것도 엄중한 하늘 문책의 대상이 된다는 점이다.

이 시점에서 아담과 하와를 속여 선악과를 따먹은 원초적 범죄와 죄악의 시작임을 우리는 알고 있다. 또 바리새인처럼 외식하는 자, 밖으로 나타나는 행동은 물론 가식적 마음으로 하나님을 떠난 불순종의 악한 자를 포괄하는 것이다. 대부분 신도조차 이성과 판단으로 인한 인본주의와 교만으로 함정에 빠지며, 마귀의 활동, 도둑이 오는 것은 도둑질하고 죽이고 멸망시키려는 것뿐이다(요 10:10).

3. 빛의 구원의 설계도

빛의 구원의 설계도는 그리스도의 탄생과 재림, 통치까지의 7단계로서 심판의 날까지 이르며, 우리 성도들은 그리스도의 7절기를 따라 유월절, 무교절, 초실절을 지나고 오순절의 성령 강림까지의 현재를 경고하면서, 종말의 그날이 오는 7월 1-10일의 나팔절, 속죄절(10일 혹은 10년)의 6절기와 예수 재림의 천년왕국인 장막절을 기다리게 되는 것이다.

토라의 창조의 원리와 구원의 그리스도의 7단계를 영적인 통찰로서 유념해야 한다. 창세기 1장, 성경의 첫머리에는 전체 성경의 요약과 하나님의 창조의 설계도가 시작된다.

첫째 날의 빛이 있으라는 빛은 그리스도의 탄생과 구원 즉 성육신으로 오심이다.

둘째 날의 물과 궁창으로 나누어지라는 성소의 휘장이 둘로 나누어짐(히브리), 그리스도의 죽음이며 하늘과 땅의 분리(레 1:17, 몸을 찢음, 고후 6:16 ,우리는 하나님의 성전).

셋째 날은 땅에서 물이 드러나는 침례로서 부활(창 1:9-13, 롬 6:1-9).

넷째 날은 일월성신으로 낮과 밤을 주관하라(창 1:14)는 승천 곧 보좌에 앉으심(엡 2:6)이며, 해와 달은 어머니와 아버지, 별들은 형제들로서 직분을 의미한다.

다섯째 날은 생명체의 번성하라(창 1:20-23) 곧 오순절의 확대이며 성령의 강림이다.

여섯째 날은 사람으로 다스리라(창 1:24-31)로서 복음으로 세상을 구원하고 천년왕국에 도달한다.

일곱째 날 사바스는 영원한 안식(창 2:1-3)의 장막절로서 천국 성 안의 영생이다.

창조의 빛과 구원의 설계도의 『환단고기』=『조하르』는, 곧 本太陽昻明人 빛과 도(道)의 본성에 오르는 단계를 동일하게 기술하고 있다. 이는 홍익인간의 빛의 사상으로 구약 10계명의 삶의 원칙에 확대된다.

인간의 다섯 가지 영(NRNHY: 네페시, 루아흐, 네사마, 하야, 예치다)에 투사하며, 10세피로트(ZA=헤세드, 게브라, 티페레트, 네짜흐, 예소드, 호드, +4)에 빛의 영으로, 말쿠트는 하나님과 연합함을 보여 준다.

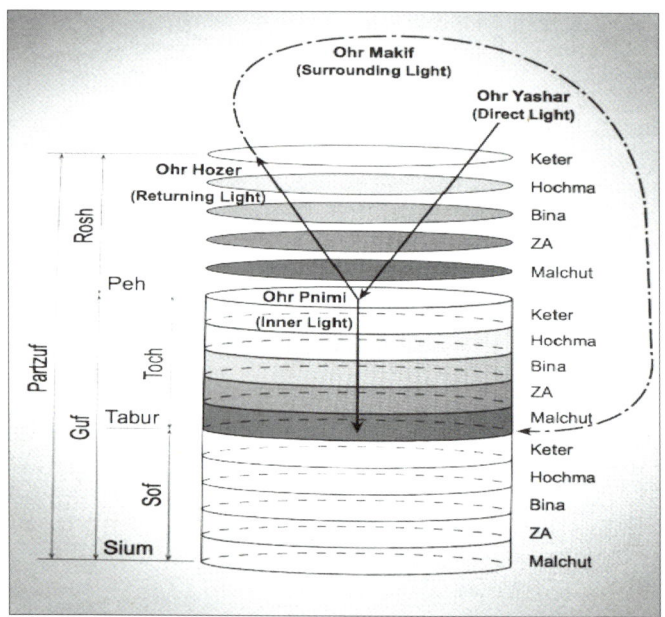

조하르 다이어그램(The Zohar diagram[The Rose]);
마이클 라이트맨, 『조하르』, (이스라엘, 2007).

위에서 그리스도 빛의 성령과 구원의 도표는 카발라의 핵심인 『조하르』(Zohar)의 내용으로서, 하나님의 빛이 사람에게 비추는 것인데, 머리 Rosh의 5부분에 몸 Guf의 10부분을 비춘다. 이 몸에 받는 빛은 이기심을 극복한 상태 Toch로 받으며, 받지 못한 빛은 돌아가며 이를 종결 Sof(end)이라 한다.

사람을 소우주로 비유한 영적인 구도로서(Partzuf, 신성한 10 속성, 세피로트) 하나님의 자비의 빛이 말쿠트(세상)의 맨 아래까지 비추기를 원하나 마음이 탁한 자는 받지 못하며 빛은 반사되어 사라진다.

한편 이타주의 선한 자는 빛을 받고 하늘로 돌아가며 하나님은 기뻐하신다. 곧 다섯 가지 영의 영역에 투사하는 원리이다. 곧 바울이

다메섹에 이를 때 아래 5영역이다.

① 하늘로부터의 빛(예치다, 연합)
② 소리가 있어 사울아 사울아(하야, 계시)
③ 눈을 떳으나 보지 못하고(네사마, 신의 스파크)
④ 성령으로 충만, 치료(루아흐, 분신)
⑤ 세례를 받고 예수를 그리스도라 증언(네페시, 자연 감각)

<blockquote>빛을 믿으라 그리하면 빛의 아들이 되리니(요 12:36).</blockquote>

십자가의 길에서 예수가 빛으로 사람과 대면하는 일이다. 카발라 『조하르』의 빛=10鉅의 신성이라는 공식은 **本心本太陽昂明人**(『천부경』)=인간의 본마음(영)=태양의 빛=무한 終無終으로 놀라운 영적인 세계가 『환단고기』와 카발라 복음으로 뿌리를 내리고 있다. 곧 천지인의 빛이 비쳐 흡수되어 하나님에게 상달하는 구원의 모식을 볼 수 있다.

4. 현대 철학이 추구하는 카발라 바울의 메시아적 천지인 복음

기독교는 초월적인 신의 통치를 세계 창조와 연결하면서 역사의 통치를 수행하는 삼위일체 혹은 천지인의 복음이라는 측면이다. 이는 사도 바울이 그리스도의 죽음과 부활의 변증법을 통해 진정한 해방적 혁명을 가능하게 하는 전투적 자기 갱신이며, 긴박한 절대적 현실 속에서 발생한다. 기독교의 사랑은 불완전한 존재를 신의 지위로 격상시키는(보편화, 천지인) 투쟁이며, 우리는 이러한 전투적 사랑을 통하여 신의 본질에 연합하는 실체에 도달할 수 있다(김성민, 『바울과 현대철학』, 새물결플러스, 2018).

참 빛을 체험한 바울의 천지인 사상처럼, 사도 요한도 "그(히브리 22 알파벳=창조와 말씀=로고스) 안에 생명이 있었으니 이 생명은 사람들의 빛이라"(요 1:4)로서 "참 빛 곧 세상에 와서 각 사람에게 비추는 빛이 있었나니"(요 1:9) 라고 증언한다.

『환단고기』의 천, 지, 인의 맥이 관통하는 신약의 정수로서 "불멸의 완전하신 빛"이며, 이는 곧 불멸의 영생, 영광의 환(桓)함과 존귀와 큰 힘(딤전 6:16)으로 천-지, 만물-인, 사람에 거하시는 곧 하나님과 하나됨(벧후 1:4)이며, 모든 불의한 죄에서 깨끗케 하심(딛 2:14, atone), 화해이며(propitiation, 요일 2:2), 하늘과 땅이 매고 푸는 천지인이다(마 16:19).

구약성경의 역대상·하의 저자인 에스라(B.C. 480-440)는 4-6천 년 전의 빛의 족보인 아담의 후계들의 나이까지 기록하였다. 구전의 말씀인 까닭에 가능한 일이다. 우리는 바야흐로 하늘의 마음을 되찾고 하늘의 본질에 연합하는 최고봉의 형이상학을 전수 받고 있다. 이러한 관점에서 한국은 잃어버린 상고의 역사를 새로 쓰는 시급한 시점이다.

곧 『환단고기』, 홍범구주, 카발라 『조하르』, 아브라함이 하나님으로부터 직접 받은 창조의 원리인 『창조의 책』(아브라함) 등이 천, 지,

인의 역사, 곧 구약과 상고사의 사료로서 "구전의 전통"을 통하여 사람과 민족들의 화평을 선도하며 미래의 향방을 제시하는 바이다.

위의 도표와 같이 결국 카발라는 자신을 초점으로 살아가는 세상인 말쿠트로부터 6천 단계의 영의 상승으로 주를 닮아가며 주의 완전에 거하게 되는 도(道, 知我求独), 혹은 카발라의 힘과 목표이다. 이는 하나님을 믿는다는 만족과 자신의 영달을 추구하고자 하는 이기적인 영의 태도와는 다른 점이다.

제10장

신비한 믿음(Mistery of faith)의 한국 상고 사상

창조주가 기획하시는 설계도는 신비하면서도 인간에게 소통하시는 통로를 유지한다. 그것이 바로 우리에게 맡겨 주신 큰 복음으로서 인간의 존엄성을 고취하는 "홍익인간"과 세상의 질서를 화합하는 이타주의로서 세상에 명령하신 교훈이다. 최초의 대제국과 "우르국"을 포함한 12연방국가에서 아브라함이 이스라엘로 보냄을 받았으며, 동방은 단군과 14대 치우천왕으로 말씀을 후대로 남긴 것이다.

이러한 영의 맥의 발자취는 유대주의 카발라와 더불어 『환단고기』, 유교의 고전과 "상제 제사문"으로 둘이 서로 교통하는 모세의 노래이자 하나님 찬양이다. 후일에 유교는 하나님과 성령을 소실하였고 가식적인 인본주의로 빗나갔지만, 창조의 태초부터 메사아가 사람과 동행할 뿐 아니라, 성령의 세계와 천사들의 운행하는 왕래가 존재한다는 사실을 우리는 확증하고 있다(시 103:20; 창 1장; 요 1장, 『환단고기』). 그러므로 구약(카발라)의 아담의 족보는 환웅, 단군의 족보(『환단고기』)와 평행하다는 사실이다.

중국 고고학의 대부인 설지강(薛 志强)이 "하(夏)나라보다 앞서서 건설된 문명고국(文明古國)이자 당시 세계에서 가장 번성한 동방대국

(東方大國)이라고 부르는 국가가 이미 존재하고 있었다"라고 하여 단군 조선임을 암시한다(『동북사지에 수록된 고조선에 대한 연구 동향 분석』, 우실하, 맑은 나라, 2022).

21세기의 한국과 세계는 마지막 세 가지 사명을 완수해야 한다.

첫째, 단군사상이 하나님의 사상임을 깨닫고 천지인과 10도(鉅, 성령)의 본질로 돌아가는 것이다.

둘째, 하루빨리 한국의 6천 년 상고사를 정립하여 하나님의 말씀의 동서철학의 합일을 깨닫는다.

셋째, 창조의 원리, 메시아의 대속과 구원의 도, "마음의 할례(性理)를 통하여 인류의 구원을 이룬다.

1. 크게 번성하라

타이포 역의 뒷 산, 홍콩의 아침은 갖가지 새들의 노래 소리가 여기저기서 지저귀며, 구 리에서도 향기를 맡는다는 "가우리 향" 꽃은 어느 향수보다 짙은 향을 뿌리며, 만지면 수줍어 숨는다는 "파차우초(茶)"의 작은 줄 잎들은 분홍빛 꽃으로 코비드 세균을 닮은 밤송이처럼 터질듯 신비한 모습이다. 천, 지, 인의 "사람을 이처럼 사랑하사"의 빛의 각인, "뜻이 하늘과 땅에서도 이루어지듯이" 하늘과 땅이 마주치는 축복을 우리는 삶의 중간에서 신성의 충만으로 체험하고 목격한다.

그리스도 안에는 신성의 모든 충만이 육체로 거하시고 너희도 그 안에서 충만하여졌으니 … 권세요 육의 몸을 벗는 것이요 그리스도의 할례니라(골 2:9-12).

이스라엘아 듣고 삼가 그것을 행하라(여호와를 사랑하라) 그리하면 네가 복을 받고, 네가 크게 번성하리라(신 6:3).

이새의 줄기에서 한 싹이 나며 그 뿌리에서 한 가지가 나서 결실할 것이요 그의 위에 여호와의 영 곧 지혜(호크마)와 총명(비나)의 영이요 모략과 재능의 영(세피로트)이요 지식(다트)과 여호와를 경외하는 영이 강림하시리니(사 11:1-2).

카발라-『환단고기』와 마찬가지로 창조의 원리는 하나에서 3극 혹은 음양으로 그리고 6, 7, 8, 9, 10(十鉅)로 완성되며 다시 1->10으로 재생 반복하는 원리이다. 이는 음양 혹은 남녀의 결합에 여호와 하나님의 비밀을 통과하게 된다는 점이다. 이것을 우리는 "신비적 믿음"(Mistic Faith)라 부른다.

부활과 영생에서 우리는 어떠한 성으로 존재하는가?

우리는 쉐키나 곧 하나님의 영광의 +-, 혹은 비나의 하나님을 어머니로 또 호크마를 아버지로 표현하지만 실상은 케테르=호크마, 호크마=비나로서, 하나=3극 그리고 남+과 여-도 같은 하나인 것이다.

아담이 다시 결합하여 셋을 낳은 것은 130년이 지난 후였다. 그리고 모세가 49천국의 문을 통과하면서 마지막 50째 문(비나)에 들어가지 못한 것은 모세가 그 때 단신으로 지냈기 때문이다. 이러한 관점에서 볼 때 하나님의 창조 질서에서의 결합(union)은 신비한 믿음으로 작용하는 것이다. 소위 신성한 결합은 기도가 넘치며 주와 함께하는 열매의 결실이기도하다(Arthur E. Waite, *The Secret doctrine in Israel*, William Rider & Son, London, 1913).

2. 카발라의 세 기둥과 『환단고기』 음양의 원리

주를 앙모하는 카발라, 아브라함은 환상 중에 장래에 "뭇별과 같은 자손을 언약으로 받았고"(창 15장) 모리아산에서 메시아로 오실 "숫양"을 보게 되었다. 이사야는 하늘의 보좌와 고난받는 메시아를 기록하였으며(사 53장), 다니엘과 에스겔은 메시아와 말일의 환상을 보았는데 그것은 "죄를 자복하고 기도할 때에 일어난 환상이었다"(단 9:20-27).

인류의 역사와 하늘의 설계도는 천지인의 지혜 속에 임하시며 말씀하시는 진리로서 우리는 "하늘의 도와 본성"을 깨닫게 되는 것이다. 그리고 그 도(道)의 길, 하나님을 보는 길은 "서로 사랑하면(마음이 청결한 자는 복이 있나니, 마 5:8), 하나님이 우리 안에 거하시고 그의 사랑이 우리 안에 온전히 이루어지느니라 그의 성령을 우리에게 주시므로 우리가 그 안에 거하고 그가 우리 안에 거하시는 줄을 아느니라 아버지가 아들을 세상의 구주로 보내신 것과 예수를 하나님의 아들이라 시인하면 그가 우리 안에(천지인) 거하신다"(요일 4:12-15).

창조의 세계에는 무한과 하나님 그리고 천사들의 세 가지 세계가 있는데 이러한 만물이 역사하는 세 가지의 원리가 있다. 영원한 무한의 어느 시점에서 창조주가 선택한 민족을 향한 역사의 기점에서, B.C. 3983년의 창조와 2349년의 홍수로부터 본격적인 세상의 원리가 형성되었다. 동서양의 상고사는 이러한 무한-> 창조-> 홍수라는 세 가지의 역사적 사건을 근본으로 하여 정립하는 것이다.

창조의 원리 중 하나는 10세피로트의 도표에서 볼 수 있듯이, 중간의 생명나무 곧 엘로힘의 하나님의 세계로서 오른편의 양과 왼편의 음을 연합할 때 악을 상쇄하게 된다. 오른편은 광명이며 믿음인 데 반하여, 왼편은 뱀의 계보로서 흑암과 악한 영 그리고 슬픔이다. 그러나 중간 기둥이 선과 악, 즉 왼쪽과 오른쪽을 흡수하여 선으로 연합하는 것이다.

그러므로 정반합의 셋이 합하면서, 하나님의 나라인 가운데 기둥으로 생명나무는 번성하게 되는 것이다. 『환단고기』가 태극과 음양으로 태동한다면 카발라는 무한-Ain Sof-Ein Sof-Aleph(히브리어 A)로서 22 알파벳=22영을 대표하는데, 이는 "태초에 말씀이 계시니라 곧 하나님이시니라"(요 1:1)라는 창조의 태동을 뜻한다.

태극과 불변의 삼신 그리고 하나님 세계의 1->10으로 완성하는 과정에서, 10세피로트(신성) 중 +오른편의 헤세드(사랑)와 -왼편의 게브라(힘)가 중간인 티페레트의 삼신(三神)의 영적 세계로 연합하여 (혹은 네짜흐와 호드->티페레트로 연합)상승함과도 같다(도표 참조).

> 의인의 열매는 생명나무라 지혜로운 자는 사람을 얻느니라 (잠 11:30).

토라가 우리에게 주는 교훈은 하나님을 경외하는 증표로 할례를 행하는 것이다. 이러한 근본은 "마음의 할례"로서 그 뜻을 행동으로 이루게 되며 또한 이는 "그리스도의 할례로서 곧 육의 몸을 벗는 것이다"(골 2:11).

바울이 언급한 육의 죄와 내 안의 마음과의 싸움인 것이다.

3. 『천부경』(나무위키, 2023년 3월 6일)

하나(一)는 시작하나 시작함이 없는 하나(一)이다.
삼극(三極)으로 나누어지나 그 근본은 다함이 없다.
하늘 하나가 그 하나요, 땅 하나는 그 둘이요, 사람 하나가 그 셋이다.
하나(一)가 쌓이고 쌓이어 열(十)로 커지면서 다함 없이 또한 셋으로 변화한다.
하늘이 둘인 셋이고 땅이 둘인 셋이며 사람이 둘인 셋이라.
천(천, 지, 인) 지(천, 지, 인) 인(천, 지, 인) = 大三
큰 셋이 합하여 여섯이 되어 일곱·여덟·아홉을 내며 셋·넷을 운용하여 다섯·일곱과 고리를 이룬다.
하나(一)는 묘하게 넓어 만물이 오고 간다. 쓰임은 변화하나 근본엔 변동이 없다.
근본의 요체(心)는 태양이 높이 떠 빛나는 것이다. 사람 속에 천지인 극이 있는 것이다.

하나(一)에서 마치나 마침이 없는 하나(一)이다.

一始無始一析三極無	일시무시일석삼극무
盡本天一一地一二人	진본천일일지일이인
一三一積十鉅無匱化	일삼일적십거무궤화
三天二三地二三人二	삼천이삼지이삼인이
三大三合六生七八九	삼대삼합육생칠팔구
運三四成環五七一妙	운삼사성환오칠일묘
衍萬往萬來用變不動	연만왕만래용변부동
本本心本太陽昂明人	본본심본태양앙명인
中天地一一終無終一	중천지일일종무종일

『부도지』(符都誌, 인류 창세기)와 『천부경』의 편집 저자는 신라 訥祗王代 官人 박제상(朴堤上, 363-419)이라고 하며, 1953년 박제상의 55세손 박재익(1895)에 의해 재생, 세 간에 공개되었다. 약 9,000년 전 천제 환인(桓仁)이 다스리던 환국(桓國)으로부터 구전된 글이라고 나와 있다. 그 후 약 6,000년 전 배달 국 시대에 환웅(桓雄)이 신지(神誌) 혁덕(赫德)에게 명하여 녹도 문자로 전승하였다.

오늘날 『천부경』은 훗날 고운(孤雲) 최치원(崔致遠, 857-908)이 전자(篆字)로 기록해 놓은 옛 비석을 보고 탁본, 다시 한문으로 옮겨 서첩(書帖)으로 만든 것이다. 『삼국유사』에도 『천부경』에 관한 기사가 나타난다.

『천부경』은 오늘날 우리가 어떻게 살아야 할지를 교훈한다. 하나님이 임하는 그 날에 "거룩한 행실과 경건함으로 바라보라"(벧후 3:11)는 것이다.

> 바다의 한계와 땅의 기초를 정하실 때에 내가 그 곁에 있어서 창조자가 되어 날마다 그의 기뻐하신 바가 되었으며 항상 그 앞에서 즐거워하였으며 사람이 거처할 땅에서 즐거워하며 인자들을 기뻐하였느니라 (잠 8:29-31).

곧 천지인 간에 창조주와 함께함의 교훈과 "너희는 마음이 밝을지니라(잠 8:5)"는 『천부경』의 太陽昻明人 지혜의 말씀이다. 『천부경』의 9(1·3·9)×9=81元은 곧 존재전의 3, 존재의 3, 존재전후의 3=無善惡+有善惡, 無淸濁+有淸濁(기), 無厚薄+有厚薄(몸)의 형상화 전+후 곧 地天, 地人, 地地이다.

4. 천부사상에 비교한 신구약 성경은 히브리어의 죄를 불공정
(Avon=희랍어, iniquity)

그리고 악(Fesha, adikia[wickedness]), 결함(Hata-ah, amartia[fault])을 죄로 번역하여 토라를 구념하였다.

믿는 자일수록 죄를 깨닫지 못하는 자가 많고 따라서 회개의 필요성을 모르는 무모한 자들이 많다. 반하여 말씀에 따라 최선을 다해서 살려는 백성들이 있다. 이스라엘은 예수를 믿으면 "알리야" 조국으로 돌아오지 못할 정도의 법을 운행 중이다. 그러나 말일에는 모든 민족을 시온으로 돌려와 여호사밧 골짜기의 심판을 하게 된다 (욜 3:12-17).

> 말일에 여호와의 전의 산이 모든 산 꼭대기에 굳게 설 것이요 만방이 그리로 모여들 것이라 많은 백성이 가며 이르기를 오라 우리가 여호와의 산에 오르며 야곱의 하나님의 전에 이르자 그가 그의 길을 우리에게 가르칠 것이라 우리가 그 길로 행하리라 하리니 이는 토라, 율법이(Torah 율법=교훈) 시온에서부터 나올 것이요 여호와의 말씀이 예루살렘으로부터 나올 것임이니라 그가 열방 사이에 판단하시며 많은 백성을 판결하시리니 … 다시는 전쟁을 연습하지 아니하리라(사 2:2-3).

곧 먼저 하나님의 창조와 토라의 말씀으로 역사를 시작하시고, 그 후에 주 예수 그리스도를 세상에 보내사, 모든 죄를 대속하시고 말씀을 완성하시고, 재림하신 후에 시온산에서 다시 토라의 말씀을 가르치신다. 다시 말하면 구속사는 7천 년을 계속적으로 관통하면서 어린양, 그리스도 메시아의 사역이 처음부터 끝까지 구원사의 중심으로 성취되는 것이다. 우리는 7절기 중 유월절, 무교절, 초실절의 예수 부활 그리고 오순절의 성령강림을 지났으며, 미래의 나팔절과 속죄일을 기다리고 있다.

비밀의 책 『조하르』는 말한다.

> 그 날에 그의 발이 예루살렘 앞 곧 동쪽 감람 산에 서실 것이요 … 나의 하나님 여호와께서 임하실 것이요(슥 14:4-6).

역사의 주관자이시며, "7째 달에 회개의 10일(나팔절의 7월 1일과 속죄일의 7월 10일)을 지나면서, 심판과 함께, 13개의 교정을 통하여 13개의 자비의 문을 여실 것이다"(Idra Raba, 『조하르』(Zohar), 13의 교정,

zohar.com, Kabbalah Centre, 2020).

히브리 성경은 죄를 여섯 가지 단어로서 표현하고 있다.

① Avel: 불의, 잘못됨(Injustice, wrong)
② Rasha: 사악, 잔인함(Wicked, cruel)
③ Zadon: 사악, 악의(Evil, malice)
④ Avon: 불공정(Iniquity), 고의적인 죄(출 34:6-7)
⑤ Fesha: 범법(Transgression), 하나님을 배반하는 뜻을 가진 죄 (사 43:25)
⑥ Khata-ah: 무고죄, 무지한 실수의 죄, Hata=죄를 범함, 빗나감

인간의 생각과 죄의 견고한 진으로 스스로 높아진 세상의 의식은 위에서 내려오는 빛과 하나님의 능력으로 무너뜨릴 수 있다. 그것은 창조주의 의식으로 자각하는 깨달음 혹은 신의 임재에 연합하는 그리스도의 영성이다. 곧 "심령이 가난하고 애통하는 자, 온유하고 의에 주린 자의 상급이다(마 5장)." 세상의 풍습과 속세의 현상을 사로잡아 무한과 태극, 로고스의 의식을 되찾는 작업이다.

> 우리가 율법은 신령한 줄 알거니와 나는 육신에 속하여 죄 아래에 팔렸도다 (롬 7:14).

5. 환국의 천지인 복음과 천제단

 환국의 12연방은 아브라함-이삭-야곱의 12지파로서 그리고 회막을 중심한 동서남북의 5군대 조직은(레 2:17), 환단고기의 주곡(主穀,[곡식, 木]), 주명(主命, [세금 火]), 주병(主病, [인사 土]), 주형(主刑, [재무 金]), 주선악(主善惡, [회계 水])으로서 오행(五行; 水, 火, 木, 金, 土)의 근본과 행정, 통치의 맥을 관통한다.
 아브라함의 『창조의 책』 21쪽, 21라인x22알파벳=231문은, 작은 중심의 원 안에 22개의 알파벳이 태극처럼 둥글게 나열되어 있으며, 그 동심원의 밖으로 10개의 층을 이루고 있다. 이는 우주 만물과 수많은 별의 창조 원리를 보여 주는 것인데, 바로 환인과 단군 문화를 대표하는 "잔무늬 거울"과 매우 흡사하다. 곧 이 청동 거울은 21.2센티미터 직경의 원형인데 0.3밀리미터 정도의 간격에 수천 개의 동심원과 선과 기하학적 상징, 13,000개 이상의 무늬가 예술 같이 그려진 것이다.
 이는 아브라함이 하나님으로부터 받은 "창조의 원형"과 일치하며, 동서남북에 작은 두 개의 원을 배치하였으며, 『환단고기』의 시대와 구약을 초월, 관통하며, 21세기 현대에도 이러한 예술의 창작이나 복원이 불가능할 정도의 섬세한 초과학의 철학을 표출하는 것이다.

 첫째, 이 청동 거울은 『창조의 책』처럼 천지인 곧 하늘의 별들과 땅의 만물을 지으신 창조주를 표현한다고 해석이 가능하다.

13,000개를 그림으로 우주 만상과 태양과 인간의 주체이신 신을 경배함이다.

둘째, 상고 시대의 아브라함의 믿음이 신과 교통하는 수준인 것처럼 상고 역사의 사상역시 현재에 뒤떨어진다고 평론하기 어려운 사실이다.

그러므로 고서에 등장하는 곰이나 호랑이의 이야기는 그 내재하는 천지인의 철학을 탐구하는 시도가 필수적이다. 다시 말하면, 홍산문화(B.C 3600-3000)에서 발견되는 옥으로 만든 곰과 호랑이 조각은 손에 쥘 수 있는 작은 도장의 크기인데, 이는 부족을 나타내는 토템 숭배의 신분증인 동시에(이종구, 『백제 그리고 음악』, 주류성, 2016), 더 나아가서 곰과 호랑이를 지으신 신을 경배하면서 인간의 창조주를 투시하는 사상이라 가히 말할 수 있다. 물론 이러한 사상은 그 이전의 환국시대를 거슬러 올라감의 가능성도 예측하게 되는 것이다.

셋째, 동서를 막론하고 하나님을 경외하는 제사장 계급과 제사단이 원초부터 사람들의 주요한 삶의 일부로서, 별자리를 통하여 미래의 세상사를 감지하였던 관습을 말한다. 곧 12연방의 천지인 복음이다.

넷째, 환인의 손자이며 환웅의 아들인 단군왕검은 초기국가시대 고조선의 제1대 왕이다. 재위 기간은 47대로서 B.C 2333-238년까지이다.

요서와 요동의 고구리의 성 수백 개를 30여 년 연구한 서길수 교수는 "석성의 축성술에서 고구리 석성의 시원이 청동기 시대(B.C. 3,300-B.C. 1,200), 하가점하층문화(夏家店下層文化)의 석성이며, 그후

1,000년의 전통의 숙신(肅愼, 滿族), 부여, 고구리, 백제로 이어짐을 증언하고 있다("축성법을 통해서 본 고구려의 정체성", 「고구려 연구」, 18집, 서길수, 2004). 하광악의 『동이원류사』 388-392쪽은 이렇게 기록되어 있다.

> 하가점 하층문화를 동이의 일파인 숙신과 연박(燕臺연방)의 문명으로서, 숙신(Jusen-鳥-人-퉁구스어계, 주스-조선-여진)은 본래 산동반도에서 북향, 송화강, 흑룡강 유역에서 동북의 발해로 이동 번영하였으며, 요하의 동서로 이주, 후에는 만주와 금, 청나라를 세웠다 한다.

특히, B.C. 4500-3000년의 우하량 홍산문화는 고고천문의 우주구조론인 천원지방(天圓地方)과 제천과 신권의 천지인 제단으로서 적석총과 석관묘의 효시이며 여신상과 곰옥기도 발견됐다(우하량의 전방후원분, 오순제, 우리역사바로알기, 2023 강좌). 요서의 적봉 남방의 우하량과 하가점 하층문화(B.C. 25세기, 1,000개가 넘는 산성)는 동시대의 복합 유적(대능하 성자산 석성)도 존재하며 고조선의 옹성과 치(雉)같은 방어벽이 동이의 맥을 이어간다(고구리 산성 강좌 21강, 우리역사바로알기, 서길수, 2023).

특히, 아브라함의 옛 집안의 우르국은 서기전 1652년에 쇠락하여 단군 조선에 20가(家)가 투항하였다는 기록이 있는데, 이때 20가는 약 2,000명이나 되며 대흥안령 서쪽으로 안주하면서 이후 그들은 동쪽으로 이동하여 한반도의 평양에까지 이른 것으로 추정된다. 같은 지역의 요녕성 와방점 석팽(遼寧省 瓦房店 石棚) 고인돌은 "빛으로 세상을 환하게 밝힌" 배달국의 거발환(居發桓, 카발라) 환웅천황(B.C. 3898) 시대로서, 천지인(天地人)의 천부 사상에 근원한 천부(天符)의 뜻으로 유불선(儒彿仙)이 나뉘기 이전 태양과 우주관을 담은 창세기의 창조관, 신들의 세계 등을 나타내는, 세계 유일의 천부 벽화다.

와방점 고제단 고인돌은 죽은 사람을 묻는 돌무덤이 아니고 청동기 초 탁자형 누각으로 하늘의 천제를 지내던 고조선 전후 유일하게 남은 천단(天壇)으로서 고제단(古祭壇) 덮개돌은 길이 8미터 60센티미터, 300-350톤 이상이나 되는 세계 최대 규모로 천장 벽화의 그림은 하나의 신조(神鳥)로서 태시(太始)의 창조 신화, 신비한 현상, 신의 존재와 섭리를 담은 천부(天符)와 천지인의 삼신과 더불어, 고조선 사람들의 정신세계를 그려주고 있다("고조선의 재발견 천제단 고인돌 벽화", 박종호, 플러스코리아 타임즈, 2016).

제11장

천, 지, 인의 큰 복음과 고조선의 역사 고증
(노아의 10대-아브라함-요셉-바로, B.C. 2090-1878)

『환단고기』의 『천부경』은 "천, 지, 인의 큰 삼(大三)으로 그 근본의 요체(心)는 태양이 높이 떠 빛나는 것이다. 사람 속에 천, 지, 인 극이 있는 것이다. 하나(一)에서 마치나 마침이 없는 하나(一)이다"라고 말한다. 곧 천, 지, 인의 삼극이 바로 태극=무한인 동시에 음양으로 만물의 태동이며 또한 하나에서->10鉅를 반복 탄생시킴으로 천, 지, 인을 하늘과 땅을 채우는 창조의 원리인 것이다. 다른 표현으로 "하늘의 식양으로 땅의 식양을 만든다, 혹은 너희를 신이라 하였거든"(요 10:36)이라는 하늘과 땅의 합일이다.

그런데 우리는 또 하나의 사상으로 천, 지, 인을 관통해 본다. 그것은 사서(四书)라는 논어, 맹자, 대학, 중용이라는 신(新)유가 철학이다. 그것은 맹자 철학의 기본 관념으로 일컫는 삼자경(三字经)에서 배우는 인지초-성본선(人之初-性本善), 성선설에서 인간의 본성을 선으로 본다는 점이다(중국철학간사, 馮友蘭, 『五南圖書出版股份有限公司』, 台灣, 2019). 그러므로 이러한 사상들은 속죄의 죄사함이 큰 관심과 문제가 될 수 없다는 것이다.

천, 지, 인의 합일을 용으로 믿는 무대보의 신앙으로서 "비를 내리고 빛을 비추는 용의 민족"이라는 것이다. 그렇다고 "열반적정"의 無의 불교가 갈 곳 없는 공(空)은 우주의 영으로의 회귀 혹은 천국도 지옥도 아닌 성 밖에 불과한 것이다(계 22:15; 마 25:30).

『환단고기』는 하늘의 성, 명, 정에서 사람의 세 요소인 성(선善)->선악, 명(청淸)->청탁, 정(厚)->후박으로 마음과 기와 몸의 타락에서 하늘의 세 요소로 승화할 구원의 큰 복음을 제시하는 것이다. 이는 카발라의 주요 복음인 생명나무를 감고 있는 뱀의 역동하는 죄의 실체를 반영하는 것이다.

그런데도 『환단고기』는, 카발라가 가르치는 영의 세계와 천사의 운행 그리고 빛의 사랑과 말씀의 로고스와 메시아의 중추적 맥락에서, 적용할 만한 상세한 내용이 결핍되어 있다는 관점이다.

1. 태초에 하나님이 천지(인)를 창조하시니라

   태초에 하나님 곧 말씀이 계시니라(창 1장; 요 1장).

창조의 근본 에너지는 태극=히브리 22알파벳 곧 말씀이다. 그것은 로고스라는 창조의 근본이기도 하지만, 원초적 의미는 『창조의 책』의 도표의 맨 속에 위치한 창조와 존재의 제1원인이다. 그 원형의 도표 제일 안으로부터 태극과 음양의 에너지가 시작되며, 그것은 무한의 시작도 끝도 없는 영의 세계다. 환언하면 하나님 자신이 빛으로 토라의 교훈으로 만물에 각인하는 빛의 등급과 사랑의 등급 그리고 이러한 영의 세계를 중재하는 메시아 사상을 피력하게 된다.

그러나 『환단고기』에서 보여 주는 천, 지, 인의 철학에서는 마치 시간이 흘러 퇴색된 상고사의 구전의 말씀과 이에 따른 지정학적 거리감을 말하는 것이다. 그러므로 우리는 로고스인 "말씀이 육신이 되어 우리 안에 거하시는 영광, 그 이름을 믿는 자들에게는 하나님의 자녀가 되는 권세를 주셨으니"(요 12:12-14)라는 카발라를 하나님 말씀의 원초와 핵심으로 확인하여, 여타 사상과 복음의 결여된 부분을 채우는 작업이 필요한 것이다.

① 카발라의 중심 사상은 하나님이 존재론적으로 사람 안에 거하면서 성화로 인도한다.

그래서 인간의 "돌파적 결합"(cleaving)은 인간의 노력과 더불어, 이를 초월하는 성령의 내주 때문에 하나님의 형상으로 화할 뿐만 아니라 거룩한 그릇, "보좌"(a throne) 혹은 "바퀴"(chariot)로써 하늘의 보좌와 병거가 임재하는 것이다. 성령의 내주 하심은 유대주의 영성의 주류를 형성하고 카발리스트들은 중요한 유대의 사바스 안식일 예식에 이를 연계하였다(출 31:16-17; 겔 20:12).

가장 중요한 유대의 13세기 카발라 경전인 『조하르』는 안식일에 예식을 행할 때 이스라엘 백성 가운데 주가 임재하시고 포용한다고 믿는다. 이러한 신비적 역동은 16세기의 카발라에서 극치를 이루며 토라의 중요성과 연관한 성령에 거함은 신앙의 목표가 되었다. 모라비안선교운동의 진젠돌프는 영의 개발보다는 신의 터치를 선호했으며, 『조하르』의 이새의 뿌리에 한 싹이 나서(사 11:1, 10)는 메시아 권능의 강림과 더불어, 남은 백성의 돌아옴의 그날, 만민 통치의 두가지 미래의 종말을 의미한다.

② 아버지의 구원, 곧 창조주가 시내산에서 주신 토라 문자의 교훈과 구전의 말씀은 "하나님 사랑과 이웃 사랑"으로서 천, 지, 인을 이해하여 믿는 것이며, 동시에 천사들의 도움과 창조의 때로부터 존재하는 메시아 그리스도와 함께하는 하나님의 백성을 주제로 하는 것이다.

> 나는 감사하는 목소리로 주께 제사를 드리며 나의 소원을 주께 갚겠나이다 구원은 여호와께 속하였나이다(요 2:9).

주 예수를 앎으로, 썩어질 것이 아닌 성령을 위하여 심는 자의 영생을 거두는(갈 6:8), 은혜와 평강과 그 신기한 능력을(divine power) 주셨으니, 우리를 부르신 이를 앎으로 말미암음이다(벧후 1:3).

첫째, 신인 합일은 생명과 부활의 영인 성령의 세례를 말한다.

이는 "우리가 그리스도도 육신을 따라 알았으나 이제부터는 그같이 알지 아니하노라"(고후 5:17), 그런즉 그리스도 안의 새 피조물이라는 선언은, 믿음으로 증거를 받은 아브라함, 이삭, 야곱보다 더 좋은, 약속된, 온전함을 이룸이다(히 11:40). 또 하나님이 그를 죽은 자 가운데서 살리신 것을 믿으면 구원을 받으리라, 곧 부활의 터치가 중요한 것이다(롬 10:9).

둘째, 나를 먹는(피와 살을) 그 사람도 나로 말미암아 살리라, 매일 계속하는 교제로, "주와 합하는 자는 한 영이니라"(고전 6:17)는 합일에 도달한다. 곧 내적으로 임재, 동행하시는 주 안에서 신과 동일한 사랑과 거룩을 행하는 자이다.

셋째, 하나님으로부터 난 자마다 죄를 짓지 아니하나니 이는 하나님의 씨가 그의 속에 거함이요 그도 범죄하지 못하는 것은 하나님께로부터 났음이라, 죄를 짓는 자는 마귀에 속하나니 하나님의 아들이 나타나신 것은 마귀의 일을 멸하려 하심이라(요일 3:8-9). 하나님의 영과 신의 스파크를 받은 자들은 자신의 혼의 죄성으로부터 벗어나야 할 것이다.

2. 지아구독(知我求独), 부활의 터치, 돌파적 결합의 구원

21세기 하나님이 약속하신 "그날"의 마지막은 오고 있으며, 이 시대의 메시지는 구원의 큰 복음으로, 말세에 세상에 드러낸 『환단고기』와 크리스천 카발라 등이다.

『천부경』에서도 지아구독(知我求独) 곧 천, 지, 인의 창조와 만물의 운행에 임하여 역사하는 하늘과 땅 그리고 인간의 본체를 구원의 기초로 설하는 것이다. 곧 악하고 탁한 기를 바로잡아 본래의 나(我)인 하늘로 돌아가는 구원의 원리를 제시하는 복음의 길이다. "토라에 기록된 바(시 82:6, 너희는 신들이며 하나님의 아들들이라)말씀을 받은 사람들, 너희를 신이라 하셨거든"(요 10:34-35)의 구원이다.

"이 말씀이 하나님과 함께 계셨으니"(요 1:1)로서 히브리 알파벳 22 단어로서 만물의 이름을 새긴 태초의 에너지=태극 곧 하나님 자신의 영을 말한다. 또한,『삼일신고』에서 교훈하는 본래의 성(性) 명(命) 정(精)을 회복하여 하나님의 진리에 이르는 것이다. 우리가 이 세상에 태어나서 하늘의 마음과 하늘의 명과 하늘의 몸을 깨닫는 것이다. 사람들이 하늘 마음을 잃고 욕심으로 살고 하늘의 명을 어기고 탁한 기운으로 살며, 하늘의 몸을 잃고 얄팍한 몸, 병든 몸으로 산다.

나를 안다는 것은 나의 원래의 모습과 현재의 모습을 아는 것이다. 나를 알면 현재의 잘못된 나를 극복하고 본래의 참된, 나는 하늘이며, 하늘은 만물의 뿌리인 하나의 본질이므로 독(獨), 지아구독(知我求獨)으로서 단군 시대의 을보늑(乙普勒)이 말하는 진리이자 방법론이다. 일시무시(一始無始), 불생불멸(不生不滅)의 진리다.

유대주의에서 이러한 생명의 역동성의 개념을 탐구한 12세기 탁월한 철학자가, 모세(출애굽기)에서 모세까지로 일컫는, 모세 마이모니데스(Maimonides)다. 마이모니데스는 인간의 "돌파적 결합"이 신의 영역이 아닌 형이상학으로 섭리하는 성령의 예언적 통로라고 평한다.

그러므로 성령을 받는다는 과정은 인간의 책임으로 진전시키는 인간의 추구하는 에너지로서, 저절로 내려오는 직접적인 하나님의 말씀이나 임재, 거룩으로 되는 것이 아니라는 말이다. 이와는 다르게 카발리스트는, 마이모니데스의 말처럼 단순한 영감이나 지각이 아니라, "생기의 영, 루아흐"(ruah)를 받는다는 것은 하나님의 존재와 요소가 "신비적 융합"으로 인간에 내재함을 뜻한다.

그런데 12세기 카발라의 등장으로 "생기"는 형이상학적 흐름이 아니라, 삼위일체의 하나님이 피조물과 인간의 영역에 침투하며 하나님의 임재와 결합하는 유대주의 카발라의 신비주의로 구체화하였다.

이러한 결과는 영감을 받는다는 차원에서 더 나아가, 인간이 주 안에 거한다는 하나님의 임재와 신비적 융합을 뜻한다. 이렇게 사람이 하나님의 영으로 연합하는 단계는 회개를 통한 하나님의 용서로 가능하게 된다. 요나는 니느웨에 들어가서 이렇게 외쳤다.

> 사십 일이 지나면 니느웨가 무너지리라 하였더니, 사람이든지 짐승이든지 다 하나님께 부르짖으니, 하나님이 뜻을 돌이키사 말씀하신 재앙을 내리지 아니하시니라 (욘 3:4).

니느웨(성읍의 지름이 55마일, B.C. 760)는 홍수 후에 우리 조상이 살았던 티그리스강 동북 쪽의 코카서스 지방으로서 하나님을 경배하는 천손 백성의 고인돌이 많으며, 인구는 어린이가 12만 곧 주석가들은 100만 인구로 본다. 이로 말하자면 『환단고기』의 사상을 가진 단군조선이 5만x2만리란 영토에서 "1억 8천의 호구"(『단군세기』)였다는 사실은 의문의 여지가 없다. 100만x1000영토=10억이다.

3. 불교, 유교, 도교와 큰 복음, 창조의 책과 『환단고기』

철학이 없는 종교는 과학을 기피하는 성향으로 인하여 맹신에 가까운 믿음으로 추락하기 쉽다. 그러므로 우리가 "구전의 말씀"인 창조주로부터 받은 교훈을 바탕으로 종교 철학의 뼈대를 추구하는 것은 천국과 지옥을 가르는 일보다 엄중한 사건이다. 창조주가 세상에 보내는 메시지 역시 이러한 동, 서양을 포괄한 직접적인 말씀, 천국의 문, 이타주의 라는 세상의 원리이며 교훈인 것이다.

하늘 보좌의 양식으로서 하늘 성막인 천국의 7째 하늘은 일곱 천사장이 섬기는 보좌와 하나님이 거하시는 지성소이며, 케루빔과 세라핌 그리고 헤이요스([Hayyoth], 불 같은 생물, 겔 1:13), 천사가 거한다. 큰 복음의 문은 땅의 성막과 똑같이 번제단, 물두멍, 금 등잔대(메노라, 일곱 촛대와 절기, 빛 혹은 생명나무), 금 떡상, 금 향제단, 금 언약궤와 속죄소(케루빔[cherubim], 궤 위의 그룹들, 천사)의 7가지로서, 성막은 히브리어로 "거하심"(Mishkan)을 뜻한다(출 25:8).

기독교의 분수령인 토라의 해설서, 신비적 영의 원리를 선포하는 카발라의 핵심작 『조하르』는 말한다.

> 그들이 섬기는 것은 하늘에 있는 것의 모형과 그림자라 모세가 장막을 지으려 할 때에 지시 하심을 얻음과 같으니 산에서 네게 보이던 본을 따라 지으라(히 8:5).

또한, 그 하늘의 모형은 피를 뿌린 장막과 그릇으로서 피흘림의 사함이며 그러므로 하늘에 있는 것들의 모형은 이런 것들로써 정결하게 되는 것이다(히 9:21-24). 『조하르』는 우주 만물의 창조의 과정을 성막으로 표현하며 이동하기 쉬운 성막의 휴대성은 포로 시대의 미래를 예견한 것으로 본다. 빛의 촛대와 떡 상의 공급 그리고 속죄소는 모두 그리스도를 뜻하는 것이다.

이러한 성막을 만드는 일은 출애굽기 31:1-11 같이 "하나님의 영으로 충만하게 하여 지혜(호크마)와 총명(비나)과 지식(다트, Daat)의 최고의 세 영"(三神,『환단고기』)으로서, 지혜로 땅을 명철로 하늘을 견고히 세우셨고 그의 지식으로 깊은 바다를 갈라지게 하심의 창조와도 같은 역사이다(잠 3:19-20).

크리스천 카발라는 『환단고기』와 함께 형이상학의 본체를 규정하는 초월적 위치를 점하고 있다. 이제 우리는 상고사의 천, 지, 인 사상과 지아구독의 본질로 돌아가는 철학이 파생한 불교, 유교, 도교와 어떤 조화를 상생하는지를 살펴보자.

첫째, 동서양을 연결하는 불교 철학 역시 세상의 현상을 하늘의 본질에 간접적으로 통합한다 볼 수 있다. 신장성 쿠차국 사람으로 현장과 함께 2대 대역성(大訳聖)으로 불리는, 空사상의 구마라십(鳩摩羅什, 344-413)의 제자인 도생(道生)은 말한다.

"만일 누가 부처를 본다면 부처를 보는 것이 아니며, 부처를 보지 못한다 할진대 진정으로 부처를 보는 것이다."

도생은 또 말하기를 부처의 세계는 따로 거룩한 곳이 있는 것이 아니며 바로 이 세상에 있는 것이다. 그런데 어떤 사람이 "금 그릇들을 가지고 있다 할 때, 그가 보는 금 그릇들의 모양과 의미를 눈여겨보지 않는다면 그저 금덩어리를 피상적으로 보는 것이다." 여기에서 우리는 현자라는 다른 차원의 사상을 도입하는데, 곧 변화하는 현상적 세상이 아닌 "부처의 본질"의 실체를 깨닫는 점을 말한다.

"우주의 영"(Universal Mind)을 뿌리로 접속하고자 하는 대승(大乘)·소승(小乘)을 막론하고 점차적인 수행도 중요하지만, 불교는 갑작스러운 공(空)의 해탈(Sudden Enlightenment)로 돌입하는 순간적 깨달음을 선종(參禪)의 정석으로 간주한다.

선불교(선종)은 이 세상의 변화 무쌍한 현상을 거부, 부정함으로 원래의 본질로 돌아가는 것이다(단군 사상의 을보늑). 선종은 초월적 존재 곧 생명과 세상과 우주로부터 존재의 참 뜻을 찾기 위함이다. 꽃이 피고 물이 흐르고 새가 날고 잎이 떨어지는 이러한 모습들은 계획되거나 의도적, 의식적이 아닌 "마음의 빈" 상태다.

이 "무의 마음"이야 말로 "창조주의 뜻"에 연합하는 마음이다. 이러한 면에서 유교의 윤리적 관점이나 특별한 능력, 혹은 도교의 특별한 자유나 초월적 인간성을 추구함이 아니라, 선종은 "영원한 실체"의 영적인 길을 향하여 "찰라의 깨달음"을 통하여 도달하는 길이다. 그 "깨달음"이란 무의식적인 갑작스런 실체적 인식 곧 마음의 각성을 말한다.

갑자기 고개를 돌려보니(Suddenly I turn my head)
지금 그녀가 보이네(And now there she is)
침침한 빛 속에서(In the waning light).
- 신기질 (辛弃疾, Xin Qiji [1140-1207]).

둘째, 유교의 음양오행을 기초한 추연(鄒衍, B.C. 305-240)은 전국시대 제나라 인물로서, 다섯 가지 원소에 따라 세상의 왕권이 흙-나무(하)-금속(상)-불(주, 周)-물로 교체되는 역사철학을 보여 주기도 한다.

음양은 우주의 기원과 창조의 원리를 설명하는데, 음양의 창조의 원리에서 양=하늘=1=아버지고, 음=땅=2=어머니를 나타낸다. 양의 숫자 1, 2, 3, 4, 5는 오행을 조성하고 음의 숫자 6, 7, 8, 9, 10은 오행을 완성한다. 이것은 카발라의 10세피로트(신의 영)에서 오른편+=아버지(호크마)의 시작, 왼편 -=어머니(비나) 조성 그리고 가운데 무한의 케테르로서 삼위 하나님을 말한다.

오행(五行)에서 우주의 구조를 논하며 시간과 공간을 설명하는데 동서남북과 뜨겁고 찬 온도로서 사계절의 형성을 나타낸다. 마찬가지로 오행(五行): 水, 火, 木, 金, 땅(土)이 되며, 오사(五事): 모양(貌), 말(言), 봄(視), 들음(聽), 생각(思)으로 카발라의 『창조의 책』이 같은 내용을 담고 있다.

특히, 『창조의 책』은 5행이 아니라 동서남북+깊이=10행이며, 히브리 알파벳 12개가 12사(事)로서 5사(事) 외에도 교접, 일, 행동, 분노, 즐거움, 맛을 봄과 잠을 추가로 포함하는데, 이는 알파벳 22개=태극=음양오행으로 역사하기 때문이다. 알파벳은 글자 하나하나가 창조의 영(태극, 음양)이며 또 숫자의 값으로 만물에 역사한다.

그리고 이와 상통하는 홍범구주는 중국 상고 시대에 하나라의 우왕(B.C. 2200)이 요순 임금(B.C. 4300) 이래의 사상을 집대성한 천지의 대법으로 알려진 정치 도덕의 기본적 아홉 가지 법칙을 말한다. 홍

법구주(洪範九疇)와 비슷한 연대의 『환단고기』는 카발라의 『조하르』와 창조의 책이 바로 이러한 구전 말씀의 계보를 보여 준다. 홍(洪)은 "큰 혹은 사람"이란 뜻이며 구주(九疇)는 "아홉 가지 법 혹은 원리"를 뜻한다.

9조목은 오행(五行), 오사(五事), 팔정(八政, 선정과 평강의 정치), 오기(五紀, 년, 월, 일), 황극(皇極, 왕의 정도), 삼덕(三德, 화평), 계의(稽疑, 하늘의 뜻 구함), 서징(庶徵, 백성을 돌봄) 및 제5조목인 부, 건강, 덕, 장수, 평안한 임종(善終)의 오복(五福)과 육극(六極) 곧, 변사(變死)와 요사(夭死), 질(疾), 우(憂), 빈(貧), 악(惡), 약(弱)이다.

유교의 6고전은 육예(六藝)라고 하며 중국의 상고사를 투사하는 시경(詩經), 역사서(尙書, 상고제왕지침서)를 비롯, 역경(Yi, 易經, 64괘, 길흉화복의 탐구, Book of Changes), 예기(禮記, 의식) 음악(樂記), 춘추(春秋, 공자의 中國古代史类文学)로서 구전으로 내려오던 교훈이며 제사문이 포함된다. 육예(六藝)는 물론 홍범구주 등에는 『환단고기』, 『천부경』 등 단군 사상이 투입되어 있다고 본다.

곧 『환단고기』의 삼성기전 상편에는 환웅 천왕의 5事가 기록되어 있는데, 홍익인간을 위한 신시(神市)의 다섯 가지 조직이다. 이 5事는 주곡(主谷, 곡식, 木), 주명(主命, 세금, 火), 주병(主病, 인사, 土), 주형(主刑, 재무, 金), 주선악(主善惡, 회계, 水)으로써 오행(五行)으로 각각 접속한다. 그러나 후일에 출현한 유교의 오사(5事)와는 속성이 다르다 (이강식, 『한국고대조직사, 고조선 조직 연구』, 교문사, 1988).

유교에서 종교적인 의식인 예기(禮記) 제사와 의식은 황제가 드리는 희생 제사로서 하늘과 땅의 제사, 토지 신에 대한 제사, 조상을 섬기는 제사, 밭 가는 제사 등 많은 제사가 있다. 그리고 황후가 드리는 새해와 땅의 제사 등이 있다. 이러한 의식들은 사회관계에서 올바른 행동을 세우기 위함이었다.

후한(後漢, B.C. 25 - A.D. 220) 시대의 역사가인 반고(班固, A.D. 32 - A.D. 92)는, 사마천(司馬遷, B.C. 145 - B.C. 86)의 해석과는 다르게, "음악은 신들을 화해하는 방편으로 삼았으며(he shen, 和神) 인애한 표현으로 나타내었음을 뜻한다(인지표, 仁之表). 노래들은 "Songs" 말을 바로잡는 도구로서 "rectify words"(zheng yan, 正言) 그리고 정의를 구현하기 위한 실제적 적용으로 사용되었다(yi zhi yong, 義之用).

유교적 심미주의(Aesthetics)는 상고사의 유력한 철학으로서 제사와 음악을 통한 역사의 뿌리를 가지고 있으며, 2천 년이 넘는 기간에 요순 황제와 주나라 임금 등이 "제단에 들어갈 때 모든 것을 묻고 배우는 절차"를 공자의 기록으로 남기고 있다. 그뿐만 아니라 제사 문을 통하여 내려오는 "사람 됨"이란 주요 사상은 고대 철학의 중요한 부분이 되기도 하며, 사회적 개념의 정반합의 과정을 거치면서 천, 지, 인의 관계를 해석하는 전통을 이어왔다.

『논어』에는 이러한 사람(人)의 생활철학으로 100번 이상의 기록과 부모와 자식 또 동물들까지 언급하고 있다. "존경" 이란 개념과 유교의 "도"는 제사와 음악으로 교화해야 하는 사람의 본성이다.

하나님을 공경하고 사람을 사랑하고 어려운 자를 도와야 함을 음악을 통하여 가르치는 것이다. 유교에서의 형이상학은 존재(Being)가 아니라 되는 것(Becoming)이며, 유교는 공자, 맹자, 순자로 대표하는데 사람은 그 욕구와 감성을 절제해야 하고 "인간의 자연적 본성은 인간관계와 사회적 훈련을 받아야 한다." 맹자는 말하기를 우리 안에서 모든 것을 이루는데 곧 "훈련으로 심령이 이타적 사랑으로 변화되면 우주와 하나로 연합하게 된다"(카발라의 이타심).

세상 자체는 변하지 않으며 만물은 언제나 변화하는 과정에 속하여 있다. 사람이 천, 지와 연합하는 것은 정적인 것이 아니라 역동적이며 매일의 갱신을 통하여 연합한다(『환단고기』, 천, 지, 인). 하늘과 사람들은 내재적으로 연결되어 있어서 어느 신이나 신적 힘이 아니라 스스로 자각적 노력으로 되는 것이다. 그래서 사람은 생각이나 에너지를 우주에 연합하여 일할 수 있으며, 이러한 사람들의 법과 방식들은 우주적 메아리가 되며 자연을 형성하면서 역동과 평형을 이룬다. 진실한 현자는 기(气)에너지가 천, 지, 인의 화합과 연합을 이루고 하늘과 땅을 채우는 것 같은 역사이다(맹자, 2A, 2).

각설하면, 공자처럼 추앙을 받던 묵자는 유교에서 하나님과 영의 존재를 부인함으로 세상에 폐해를 준다 비평하였다. 이러한 사태는 초기 유가 철학이 천, 지, 인(『환단고기』, 『천부경』)을 받아들이고, 하나님(上帝)을 제사하고 음악으로 섬겼으나 공자 시대 전부터 지식인들이 하나님과 영들의 존재의 교훈을 버리고 인본주의로 돌아선 까닭임을 펑유란(馮友蘭)이 논하고 있다(Fung Yu-Lan, *A Short History of Chinese Philosophy*, The Free Press/ Macmillan, New York, 1948).

셋째, 도가의 사상가인 노자와 장자는 창조주 대신에 비인격적인 도(道, 곧 무[無], non-being)를 일컫는다. 모든 세계는 스스로 태동하면서 만물은 "조화와 관계성"을 유지한다는 점이다. 그리고 불교도 마찬가지로 모든 중생은 "우주의 영"을 지니고 있으며, 미래에 인간이 돌아갈 "부처의 본질"(Buddah nature, 정령/태동, 우주의 영, Universial Mind)로 회귀하는 것이다.

도교는 모든 욕구와 생각, 선과 악, 혹은 물질을 초월하여야 사람의 영과 몸이 자연과 우주에 일치가 되어 행복한 사람, "진정한 인간"을 발견하게 된다. 장자는 하늘과 인간이 연합을 이루려면 인간사와 사회적 교류가 방해 되어서는 안된다는 것이다. 이러한 자유로운 시도는 누구나 아무 것도 의지하지 않는다는 뜻이다.

이렇게 "바람을 타고 무한을 탐구하면" 심미적(Aesthetic), 영적인 초월에 도달한다는 것이다. 하늘의 기쁨은 모든 감성, 기쁨, 슬픔, 분노와 사랑 등을 초월하여 하늘과 조화하고 우주의 원리와 합치하는 것이다(Li Zehou, *The Chinese Aesthetic tradition*, univercity of Hawaii, 2010).

B.C. 604년에 노자는 『환단고기』의 불생불멸의 진리처럼, "도는 성질이나 모양을 가지지 않으며, 변하거나 없어지지 않으며, 항상 어디에나 있다. 우리가 눈으로 볼 수 있는 여러 가지 우주 만물의 형태는 도가 밖으로 나타난 모습"이라고 하였다. 도교의 도(道)는 이름이 없는 무이다, 만물은 항상 변하기 때문이다. "차면 기울고 기울면 차는 것"(reversing)을 말하면서 그러므로 "하늘과 땅은 하나"로 모든 것들을 사랑하라는 도교의 교훈이다.

중국의 대표적 유학자인 펑유란(馮友蘭)은 『중국철학소사』에서 말한다. 유교에서 철학은 있지만, 종교는 없다고 한다. 그런데 도교철학은 죽음은 자연의 법칙을 따르는 것이라고 노자와 장자는 가르친다. 그러나 도교의 종교는 이와 반대로 죽음을 극복하기 위하여 자연을 초월하는 길을 제시한다.

"생은 하늘의 역사이며 죽음은 만물이 탈바꿈하는 것이며 창조주 안에서 불평할 것은 전혀 없다."

불교 역시 불교 철학과 종교라는 두 가지로 접근하는 것이다. 주목할 만한 논제는 여기서 나타난다. 유교, 도교, 불교에서 논하는 "도"(존재의 시작)에서 보여 주는 "무와 공"이 스스로 질서를 유지하며 만물을 태생(態, Te=power)한다는 "무"의 세계다. 카발라는 "무한 곧 Ain-Sof"를 도입하면서 동시에 이 "무한"인 케테르 다음으로 지혜의 호크마가 등장함으로 태초의 시작에 하나님이 창조자가 되는 일이다.

이렇게 Ain-Sof는 히브리 22알파벳의 Aleph(A)가 되었고 22의 영은 태극과 음양처럼 연합하게 된다. 이러한 차원에서 카발라와 더불어 천, 지, 인 사상이 만물에 각인 된 하늘 지성소(본질)를 중심으로 하늘과 땅이 "조화와 관계성"으로 연합되는 것이다.

4. 큰 복음, 창조의 책과 『환단고기』의 실체와 고증

『창조의 책』이 오행과 다른 점은 하나님의 영-공기-물-불-높이 깊이, 동서남북 곧 땅을 의미한다는 점이다. 오행에 없는 "공기"는 서양철학(희랍 피타고리안 철학)의 4원소로 물, 불, 땅, 공기로 나타난다. 이러한 상고사의 사상과 철학은 『환단고기』와 카발라가 기원 전 4천 년 이상으로 올라간다고 볼 수 있다.

개혁주의의 신봉자이자, 제네바대학교 교수였던 스칼리제르(Joseph Justus Scaliger, 1540-1609)는 성경의 역사와 계보를 거슬러 올라가 창조 연대를 B.C. 4004 그리고 홍수 연대를 B.C. 2349로 발표하였다.

『환단고기』는 12개 연방국의 환국(B.C. 3897)을 기록한다. 곧 비리국(卑離國, 비루), 양운국(養雲國, 유연), 구막한국(寇莫汗國, 키막), 구다천국(句茶川國, 킵착), 일군국(一群國, 일 한국), 우르국(虞婁國, 오구즈) 또는 필나국(畢那國), 객현한국(客賢汗國, 게쿤), 구모액국(句牟額國, 쿠믹), 매구여국(賣句餘國, 마사게트) 또는 직구다국(稷臼多國), 사납아국(斯納阿國, 사르마트), 선비국(鮮裨國, 선비), 수밀이국(須密爾國, 수메르)이다.

『브리태니커 백과사전』은 이를 'Grande Tartary' 대제국으로 서쪽으로는 카스피해와 우즈백, 카작스탄, 키르기스탄 등, 북으로 시베리아, 동은 중국과 한국, 러시아의 탈타르 바다, 남으로 인도, 버마까지 이르는 것으로, 또 알타이계와 파미르 거점을 기록하고 있다.

투르크, 몽골계 등 한민족을 위시한 아시아, 유라시아의 12개 연방국의 9환족(九桓族)으로 특성을 보면 황이족(黃夷族), 적이족(赤夷族), 양이족(陽夷族), 우이족(嵎夷族), 방이족(方夷族), 견이족(畎夷族)은 피부가 누른 편이고 코는 높지 않고 볼이 넓다. 머리는 검으며 눈은 평평하고 눈동자가 검다. 남이족(藍夷族)은 피부는 짙은 갈색이며 모양은 황이족(黃夷族)과 비슷하다. 현이족(玄夷族)은 피부는 검고 코는 낮고 짧으며 넓다. 이마는 뒤로 넘어지고 입술이 나왔으며 곱슬머리다. 백이족(白夷族)은 피부가 희며, 코는 높고 눈은 깊고 동자가 푸르고, 머리카락은 잿빛이 많다고 했다. 세상의 풍습과 속세의 현상을 사로잡아 무한과 태극, 로고스의 의식을 되찾는 작업이다.

주목할 일은 아브라함이 "너의 고향과 친척과 아버지의 집을 떠나 내가 네게 보여 줄 땅으로 가라"(창 12:1)에서 모든 역사는 나누어지는 것이다. 아브라함의 아버지 데라가 갈대아인의 우르를 떠나 하란에 이르러 205세에 하란에서 죽었고 아브라함(B.C. 2165 - B.C. 1991)은 75세에 하란을 떠나 가나안 땅에 들어간다.

환국은 12연방 제후국(諸侯國)이 있었고 9환족(九桓族)이 살았는데 이 "우르"가 바로 천산(天山)부근의 우르국(虞婁國)이다. 그러므로 아브라함은 환국인 우르국 곧 후대 단군 조선(B.C. 2333)의 주민으로서 그 집안은 우리와 동족인 것이다. 하나님이 선지자를 쓰실 때는 복음을 통달한 『환단고기』를 전파할 집안을 파견하는 이치다. 이스라엘 건국의 이 복음은 카발라=『환단고기』=창조의 원리로서 아브라함이 쓴 아래의 도표 한 장으로 모든 것이 증명된다.

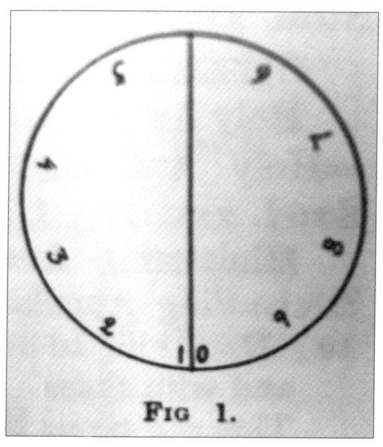

카발라=『환단고기』=창조의 원리

도표는 다음의 사실을 나타낸다.

① 시작도 끝도 없는 무한의 원이다.
② 일적십거무궤삼화(一積十鉅無匱三化), 곧 一積에서 十鉅=10세피로트의 태동, 초월적 영의 세계다.
③ 가운데 줄은 음양 혹은 2태극의 원형이다.
④ 불생불멸(不生不滅)의 진리=멜기세덱의 불멸의 생명 능력을 따라(히 7:16)=카발라 메시아=『환단고기』.

맺는 말

    6천 년의 뿌리 『창조의 책』은 『환단고기』와 유교의 족보 등의 고전을 확증하며 한민족의 상고사를 확립하는 결정적 사료이며, 카발라의 권위자 Arthur E. Waite의 『창조의 책』 서문은 그의 저작인 "이스라엘의 숨은 교리"와 함께 유대주의와 서양철학의 최고봉이다.

    고국을 떠나 진리를 찾은 반백 년의 구도의 길, 미국의 대학원에서 서양철학과 과학철학을 배웠으며 중국-홍콩(7+18)의 25년 중에는 중국에서 7년을 살았고, 마지막 중국의 3년은 남중국의 미국 분교의 디렉터로 교수진의 신학을 섭렵하였다.

    마태복음 1장은 아브라함부터 다윗까지 14대요 다윗부터 바벨론 포로까지 14대요 바벨론부터 그리스도까지 14대라 기록한다. 이러한 족보는 창세기에서 아담의 족보와 노아의 족보 곧 셈과 함과 야벳의 족보로서 홍수 후에 "시날 땅의 바벨과 에렉(우루)과 악갓(아카드)과 갈레"(창 10:10, 암 6:2)라는 나라들로 이름하는 시날 땅의 바벨탑 사건으로 이어진다. 그 이전은 온 땅의 언어가 하나요 곧 아담과 하나님이 시작한 만물의 이름인 말과 언어이다. 아담이 소를 보고 히브리어 알레프(א)를, 베트(ב)를 집과 수성(mercury, Mage 박사)으로 지었다. 아담이 타락하기 전의 일로서 천, 지, 인의 만물을 창조로부터 말과 언어를 태동한 것이다(창 2:19).

이것이 바로 환국 12연방의 언어이며 동이족과 히브리어의 시원이 된다. 아부지, 아버지는 캄차카(참춥다)반도를 지나 남북미의 아파치-아버지가 되었고 인도의 산스크리트의 아버지, 동이-히브리의 아빠(엄마)가 되었다. 천 ㅇ, 지 ㅁ ㅡ, 인 ㅅㅣ, 세 가지 알파벳이 세계 모든 문화의 근원으로서 천지인 사상으로 하나님의 본성으로 돌아가는 길, 곧 하나님의 형상이요 생명나무 세피로트의 영의 세계는 시작되었다. 인류가 잃어버린 이 참 빛의 진리를 보는 자마다 바울의 육의 눈과 자의식이 깨졌듯이 영의 음성을 듣게 되는 것이다.

많은 신도가 예수를 믿는다면서 아버지의 신앙을 제대로 알지 못해 천국에 들어가지 못한다. 하늘의 설계도는 『환단고기』, 카발라, 창조의 책에 천지인의 원리를 태초에 선포하였다. 하늘과 땅에서 사는 사람 인간(人間)은 천지인의 해를 먹고 살도록 조성되었고 해는 성령이요 하나님 자신임을 도표로 보여 주는 것이다. 그러므로 인본주의로 막가는 인생은 천지인의 도를 배역한 자들이다. "빛의 아들"이 되는 길은 오직 생명나무에 "가지가 나무에 붙어 서야 열매를 많이 맺어 제자가 되는"(요 15장)길이다.

결국, 천지인의 사상과 원리는 무엇인가?

천과 지와 인의 세 가지가 하나로 또 셋으로 역동함을 말한다. 곧 하늘에는 해와 별의 빛이 땅에 비치며 사람의 몸 안에 빛으로 거한다. 변화산 상에서 혹은 모세의 얼굴의 빛이다. 12별자리는 몸의 12장기로 설계되었고, 하늘의 보좌는 이스라엘의 장막으로 또 사람 몸의 지성소의 각인이다. 에덴동산은 하늘과 땅에 존재하며, 그리고 우리 몸의 선악의 마음과 생명나무가 아닌가, 천국의 생명나무(계 22장)

이며 곧 10세피로트 영의 중간 기둥인 것이다. 삼신(神)이 하나인 것이 도(道)다.

영의 족보를 제대로 이어받은 민족이 유대 민족이다. 태초의 아담의 930세, 셋은 912세를 살고 죽었다고 기록한다. 그리고 에녹은 365세를 살았는데 죽지 않고 하나님이 데려갔다 한다(창 5:24). 카발라의 하나님 말씀도 각 선지자를 통하여 전해지며, 바울도 가말리엘의 제자였음을 밝히고 있다.

우리 한민족의 영적인 족보는 20-21세기에 와서 우리에게 전해지고 있다. 한민족은 마지막 때 비로소 우리의 6천 년 상고사를 세우는 새로운 대한민국을 건설하고 있다. 나라와 민족에 거짓된 역사를 가르치고 주장하는 자들이 맞이할 칼과 지옥 불을 깨달아, 사명을 받은 원로들이 왜곡된 거짓의 역사를 바로잡는 각고의 작업이 시급하다. 따라서 상고사로부터 현대에 이르기까지 큰 복음의 비밀을 전파하고 행하지 못하는 자들은 몇 년 후에 닥치는 천년왕국의 문턱에서 떼거리로 죽임을 당할 것이다(암 9:10).

카발라(크리스천 카발라)의 『조하르』와 아브라함의 『창조의 책』이 『환단고기』의 원형이라 부를 수 있다. 모든 창조의 원리와 삶의 진리가 중추적인 영의 맥을 형성하면서 하나님이 주신 지혜로서 무한으로부터의 음양과 오행 그리고 10(鉅)이란 완성의 세계를 반복 재생하는 세계 최고봉의 철학이며 신앙이다. 이러한 지혜의 태극에서 파생하는 아담의 족보(역대상·하)+『환단고기』가 모든 역사의 계보로 유대 카발라와 단군 조선에 그대로 상호교통 한다.

다시 말하면, 한민족과 유대인은 인류의 2대 산맥인 천손민족으로서, 6천 년의 빛이 회귀하는(『조하르』) 천년왕국의 천지인의 새 나라에서 토라를 민중에 가르치는 제사장의 직분을 예비하는 것이다.

> 악한 자의 나타남은 사탄의 활동을 따라 모든 능력과 표적과 거짓 기적과 불의의 모든 속임으로 멸망하는 자들에게 있으리니 이는 그들이 진리의 사랑을 받지 아니하여 구원함을 받지 못 함이라. 주 예수께서 그 입의 기운으로 그를 죽이시고 강림하여 폐하시리라. 이러므로 하나님이 미혹의 역사를 그들에게 보내사 거짓 것을 믿게 하심은 불의를 좋아하는 모든 자들로 하여금 심판을 받게 하려 하심이라 (살후 2:8-11).

이제 우리는 수천 년 반역의 역사를 뒤로하고 우리가 상고에 받아 지켜온, 잃어버렸던 역사와 구전의 하나님 말씀을 마음에 새기고 마지막 "이기는 자"가 되기 위하여 "성령의 말씀"을 들을 귀를 가져야 한다. 이것이 바로 우리 성도들과 한민족이 세계를 위하여 받은 사명이며 하나님의 축복 받는 미래의 문을 열 수 있는 마스터키가 된다.

그러므로 우리는 아담과 아브라함, 다윗으로 시작하는 아버지의 신앙과 태초부터 동행하는 유월절 대속의 그리스도를 구원의 반석으로 삼는 동시에, 본질적으로 하나님과 하나되는 지아구독(知我求独, 『환단고기』; 본래의 나는 하늘이다)의 초월적인 영으로 중생해야 하는 것이며, 이 큰 복음을 세계와 열방에 전해야 한다. 천부인을 받은 장자국인 환국 12연방은 B.C. 2470년 해와 달 사이에 다섯 별이 나타남(천문류초) 그리고 지금부터 4천 년 전의 화성, 수성, 목성, 금성, 토성의 오성취루(B.C. 1733, 무진오십년오성취루, 戊辰五十年五星聚婁)는 누가 후일에 조작하여 『환단고기』의 『단군세기』에 집어넣었을 가능성은 전무하다. 그러므로 천문학의 초과학으로 『환단고기』의 역사성이 증명되며, 조선왕조실록은 『삼성기』를 불온서적으로 처리하여 수많은 고전 등이 소멸되었는데도, 보전되어 기록된다("천문학으로 고조선 역사 고증", 박석재, 「세계환단학회지」, 2017). 환국의 역사는 바야흐로 우르국과 수메르에서 아브라함의 가나안(B.C. 2090)-애굽 진출 그리고 이삭-야곱-요셉(B.C. 1914-1804, 창 47:1)이 총리가 된-바로왕 세누스레트 3세의 연대(B.C. 1878-1839)로서, 환국과 고조선(B.C. 3897-2333)의 시대로 거슬러 올라가는 역사의 고증이 된다는 점이다(존 윗콤, 『구약의 족장과 사사 Chart』, 그레이스신학원, Indiana).

> 이 일 후에 내가 보니 각 나라와 족속과 백성과 방언에서 아무도 능히 셀 수 없는 큰 무리가 나와 흰 옷을 입고 손에 종려 가지를 들고 보좌 앞과 어린양 앞에 서서 큰 소리로 외쳐 이르되 구원하심이 보좌에 앉으신 우리 하나님과 어린양에게 있도다(계 7:9).

우리는 마지막 하나님의 권능과 어린양의 대속으로, "셀 수 없는 큰 무리"의 수확을 위하여, 성령의 대 부흥에 진력해야 요한계시록 7:9의 예언을 확증하게 되는 것이다.

> 태초에 하나님이 천지와 인(사람), 그리고 빛을 창조하시니라(창 1장).

무한이란 시작도 끝도 없는 태극(음양, 로고스, 말씀=히브리 알파벳 22=영)에서 오행과 10거(十鉅), 10세피로트로 만물이 조성되었고, 10이 채워지고 다시 1->10으로 피조물이 반복하여 창조되었다. 그리고 사람은 삼신(三神, 삼위일체 하나님)을 깨달아 알고, 하늘(본질)로 돌아가는 어린양의 카발라,『환단고기』, 구원의 원리다.

참고 문헌

박석재. "천문학으로 고조선 역사 고증",「세계환단학회지」, 2017.

북애자(北崖子).『규원사화(揆園史話)』, 숙종 2년(1676), 손보기 인증.

서길수. "축성법을 통해서 본 고구려의 정체성",「고구려연구회」, 2004.

오순제.『고구려는 어떻게 역사가 되었는가』채륜서, 2019.

우실하.『동북사지에 수록된 고조선에 대한 연구 동향 분석』맑은 나라, 2022.

이강식.『한국고대조직사, 고조선조직 연구』교문사, 1988.

이기동, 정창건.『환단고기』행촌, 2022.

심백강.『잃어버린 상고사 되찾은 고조선』바른역사, 2014.

하광악(何光岳).『동이원류사』(东夷源流史) 江西教育出版社, 南昌, 1990.

汤芸畦.『中国历史故事』三联书店公司, 香港, 2018.

李泉.『중국사』联经出版公司, 台北, 2010.

王恆偉, 田野, 王薇.『중국역사강당1권』(中国历史讲堂/卷1) 中華书局香港有限公司, 2005.

馮友蘭.『중국철학간사』(中國哲學簡史), 五南圖書出版股份有限公司, 台灣, 2019.

Afterman, Adam. *The rise of the Holy Spirit in Kabbalah*,「하바드신학원회보」, 2018.

Boer, Harry R.『초기 기독교의 약사』William B, Eerdmans, Grand Rapids, 1976.

Fung, YuLan(馮友蘭). *A Short History of Chinese Philosophy*, Macmillan, New York, 1948.

Joseph, Akiba Ben. 『(아브라함)창조의 책』(*Sepher Yetzirah*) Martino Fine Books, CT, 2019.

Li, Zehou(李泽厚). *The Chinese Aesthetic tradition*, univercity of Hawaii, 2010.

Matt, Daniel. 『조하르』 Margot Pritzker, 스탠퍼드대학교, 2018.

Mcgrath, Alister E. 『크리스천 신학』 옥스퍼드대학교, 2001.

Newsome, James D. *The Hebrew Prophets*. John Knox, 1984.

Rabbi Issac Luria. *The effect of sin on Daat of ZA*, trans. Perets Auerbach, 2022.

Rabbi Michael Laitman, 마이클 라이트맨. 『조하르』, 이스라엘, 2007.

Rabbi Mendel Adelman. 『챠바드-루바비치』 미디어센타, 2020.

Waite, Arthur E. *The Secret doctrine in Israel*. William Rider & Son, London, 1913.

Weiser, Warren Kenton. 『카발라의 방법』, Weiser books, Boston, 1976.

Whitcome, John C. *Daniel*, Moody Press, 1985.

Wolfson, Elliot R. 『존 켐퍼의 크리스천 카발라의 메시아니즘』 뉴욕대학교, 2014.

머서(Mercer) 대학. 『머서성경백과사전』, MDB, GA, 1990.